Samira Akbarian

Recht brechen

Samira Akbarian

Recht brechen

Eine Theorie des zivilen Ungehorsams

C.H.Beck

2. Auflage. 2024

Wilhelmstraße 9, 80801 München, info@beck.de

www.chbeck.de
Umschlagkonzept: Hanna Kronberg, GROOTHUIS, Gesellschaft der Ideen und Passionen mbH
Satz: C.H.Beck.Media.Solutions, Nördlingen
Druck und Bindung: Pustet, Regensburg
Printed in Germany
ISBN 978 3 406 82336 7

verantwortungsbewusst produziert
www.chbeck.de/nachhaltig
produktsicherheit.beck.de

Inhalt

Einleitung

Im März 2023 beschmierten Klima-Aktivist*innen der *Letzten Generation* das Denkmal «Grundgesetz 49» in Berlin mit einer Flüssigkeit, die wie Erdöl aussah. Das Denkmal stellt die ersten 19 Artikel des Grundgesetzes, also vor allem die Grundrechte, auf Glasscheiben dar. Die Aktion diente der Kritik an fossilen Brennstoffen. Die Aktivist*innen wollten das Bewusstsein dafür schärfen, dass ohne eine radikale Wende in der Klimapolitik das Grundgesetz «beschmiert» werde. Denn ohne Verhinderung der «Klima-Katastrophe» könnten Demokratie und Rechtsstaat künftig nicht mehr gelebt und die Grundrechte nicht mehr auf die gleiche Weise verwirklicht werden. Die Aktivist*innen knüpften damit an den Klimabeschluss des Bundesverfassungsgerichts an, wonach Klimaschutz eine Aufgabe von Verfassungsrang sei.[1] Denn ohne Änderung des Klimaschutzgesetzes werde zukünftigen Generationen kein Handlungsspielraum verbleiben und dadurch zugleich ein freies und demokratisches Zusammenleben unmöglich gemacht.

Zwar endete ein Gerichtsverfahren gegen die Aktivist*innen wegen Sachbeschädigung mit einem Freispruch. Schließlich war die Farbe leicht abzuwischen und damit das «Grundgesetz 49» nicht im Rechtssinne «beschädigt». Die gesellschaftspolitischen Nachwehen verdeutlichen aber, wie polarisierend die Thematik geworden ist: Während die Aktivist*innen in guter Absicht gerade auf eine Verletzung des Grundgesetzes durch die derzeitige Klimapolitik aufmerksam machen wollten, wurde ihr Verhalten in der öffentlichen Debatte teils als rücksichtsloser Umgang mit den Grundrechten interpretiert. Beispielhaft dafür ist die Bewertung durch den Bundestagsabgeordneten und Vorsitzenden des Auswärtigen Ausschusses Michael H. Roth. Er kommentierte auf der Social-Media-Plattform X:

> Was für eine billige, würdelose Aktion. Ihr scheißt auf die Grundrechte, zerstört Kunst ähnlich wie die Taliban und fühlt Euch noch als Heldinnen und Helden! Glaubt Ihr allen Ernstes, Ihr bringt damit den Klimaschutz voran?!

Was im Selbstverständnis der einen die ehrenwerte Verteidigung der Verfassung bedeutet, erscheint dem anderen nachgerade als Angriff auf sie. Das Geschehen um das «Grundgesetz 49» steht damit exemplarisch für eine öffentliche Debatte, die unter dem Schlagwort «Ziviler Ungehorsam» geführt wird. Mit dem vorliegenden Buch möchte ich meine langjährige Forschung zu diesem Thema für jene Debatte fruchtbar machen.[2] Denn nicht nur der Fall «Grundgesetz 49» zeigt: Es bedarf der Klärung, wofür der zivile Ungehorsam eigentlich steht und welche Stellung er in der Verfassungsordnung einnimmt.[3]

Ich werde den zivilen Ungehorsam aus verschiedenen Perspektiven beleuchten, um die Frage zu beantworten, inwieweit er mit Demokratie und Rechtsstaat vereinbar ist. Um diese breite Auseinandersetzung zu ermöglichen, arbeite ich zunächst mit einer sehr reduzierten und weiten Definition. Unter *zivilem* Ungehorsam verstehe ich vorläufig ein Protesthandeln, das von einer *Richtigkeitsüberzeugung* getragen ist und daher in diesem Sinne einen zivilen Charakter besitzt. Ungehorsam ist dieses Verhalten, weil es sich *gegen Gesetze, Institutionen, Unternehmen oder staatliche Maßnahmen* richtet und deshalb – zumindest potenziell und auf den ersten Blick – *illegal* ist.

Schon diese Minimaldefinition deutet an, dass der zivile Ungehorsam auf grundsätzlicher Ebene nicht nur die Legitimität von Protesten, sondern auch die Legitimität demokratischer Ordnungen verhandelt. Das manifestiert sich in den Problemen, auf die er reagiert: Der zivile Ungehorsam erinnert uns an zentrale Versprechen des demokratischen Rechtsstaats. Da ist erstens der Anspruch, dass alle gleichermaßen an der Gestaltung der politischen und rechtlichen Ordnung teilhaben können. Und zweitens versteht sich der demokratische Rechtsstaat als eine Ordnung, in der Recht und Gerechtigkeit Hand in Hand gehen. Der zivile Ungehorsam hilft uns dabei, jene Fälle zu erkennen, in denen diese Ansprüche nicht erfüllt werden. Er thematisiert zum einen Defizite repräsentativer Mehrheitsdemokratien. Denn viele Bürger*innen fühlen sich nicht ausreichend wahrgenommen. Bestimmte Bevölkerungsgruppen haben auch nachweislich aufgrund ihrer Staatsangehörigkeit, ihres Alters oder aufgrund struktureller Ungleichheiten einen eingeschränkten Zugang zu gesellschaftlichen Ressourcen. Der zivile Ungehorsam bezweifelt zum anderen in Bezug auf die moralische Qualität einzelner Gesetze und auf die Verteilung von Teilhabemöglichkeiten, ob der Rechtsstaat sein Versprechen erfüllt, eine gerechte Ordnung zu sein.

Im Umgang mit diesen Problemen stellt sich jedoch auch unweigerlich die Frage: Wie weit dürfen Proteste gehen? Das verdeutlicht sich nicht nur an den aktuellen Protesten gegen die Klima- und Agrarpolitik. Aktionen zivilen Ungehorsams spielen weltweit eine entscheidende Rolle in zivilgesellschaftlichen Bewegungen und greifen auf eine lange Tradition zurück, wie etwa die *Black-Lives-Matter*-Proteste oder die amerikanische Bürgerrechtsbewegung zeigen. Diese Eingriffe in die öffentliche Ordnung lösen zu Recht eine Debatte darüber aus, mit welcher Legitimation die Aktivist*innen die Legitimität von demokratischen Gesetzen und Regierungsmaßnahmen infrage stellen und im besonderen Maße öffentliche Aufmerksamkeit für sich beanspruchen. Das Problem wird vor allem dann akut, wenn die inhaltlichen Anliegen von Aktivist*innen nicht auf breite gesellschaftliche Zustimmung stoßen. Mit der Einordnung und Bewertung dieser Proteste zeigt sich sowohl die gesellschaftliche als auch die juristische Debatte überfordert. Mit meiner Forschung habe ich versucht, den zivilen Ungehorsam in seiner Ambivalenz zu begreifen.

Gefahren und Potenziale des zivilen Ungehorsams bedingen sich gegenseitig

Ambivalent ist der zivile Ungehorsam, weil er gleichermaßen Gefahren wie Potenziale birgt. Auf der einen Seite steht die Gefahr, den demokratischen Rechtsstaat, seine Verfahren und seine Institutionen zu destabilisieren. Auf der anderen Seite zeichnet sich die Demokratie im Gegensatz zu autoritären oder totalitären Regimen durch die Möglichkeit aus, Dissens zu zeigen und das demokratische Zusammenleben immer wieder neu zu verhandeln und zu verändern. Wie kann der zivile Ungehorsam Potenziale entfalten, ohne die Ordnung des demokratischen Rechtsstaats zu beschädigen? Wie ich zu zeigen versuche, liegt das Potenzial des Ungehorsams gerade in seiner Gefährlichkeit. So bewegt sich der zivile Ungehorsam zwar außerhalb repräsentativ-demokratischer Mehrheitsverfahren. Er bietet aber auch eine direktdemokratische Interventionsmöglichkeit, auf die Mehrheitsdemokratien angewiesen sind, um für die Anliegen ihrer Bürger*innen empfänglich zu sein. Um diese Wechselbeziehung produktiv zu machen, schlage ich vor, zivilen Ungehorsam als eine Form der *Verfassungsinterpretation* zu betrachten. Durch den Rechtsbruch wird Recht interpretiert. Das ist freilich nicht allzu buchstäblich gemeint: Ich behaupte nicht, dass zivil ungehorsames Protesthandeln explizit Rechtsexegese betreibt (oder betreiben sollte). Mein Vorschlag lautet vielmehr, dass es angemessen und für die demokratische Auseinandersetzung fruchtbar ist, Aktionen des zivilen

Ungehorsams als implizite Rechtsdeutungen aufzufassen – was meist darauf hinausläuft, in diesen Aktionen Interpretationen der hinter den Gesetzen stehenden Ordnung und ihrer Werte zu sehen, wie sie in der Verfassung verkörpert sind.

Diese These will ich mithilfe von drei Konzeptionen zivilen Ungehorsams entwickeln, die ich an dieser Stelle kurz skizzieren werde. Sie heben jeweils verschiedene Funktionen des zivilen Ungehorsams hervor: eine rechtsstaatliche, eine demokratische und eine ethische Funktion.

Die rechtsstaatliche Funktion: Ziviler Ungehorsam als Loyalität zur Verfassung

Der erste Zugang verweist auf ein bekanntes und etabliertes Verständnis zivilen Ungehorsams. Auf dieses Verständnis berufen sich in der aktuellen Diskussion auch immer wieder Aktivist*innen. Liberalen Demokratietheorien dient es als Ausgangspunkt ihrer Darlegungen: So definiert John Rawls den zivilen Ungehorsam als «eine öffentliche, gewaltlose, gewissensbestimmte, aber politisch gesetzwidrige Handlung, die gewöhnlich eine Änderung der Gesetze oder der Regierungspolitik herbeiführen soll».[4] Dieser Kriterienkatalog orientiert sich an Maßgaben und Wertsetzungen des demokratischen Rechtsstaats und seinen Prinzipien wie zum Beispiel der Verhältnismäßigkeit. Indem zivil Ungehorsame öffentlich sowie vornehmlich symbolisch handeln und sich auch der Strafverfolgung nicht entziehen, betonen sie nach diesem Modell ihre Loyalität zum Rechtsstaat und fordern staatliche Institutionen und die politische Gemeinschaft dazu auf, ihre Handlungen zu überdenken.

Der zivile Ungehorsam dient dann dazu, in einem grundsätzlich gerechten System des demokratischen Rechtsstaats die Lücke zwischen gerecht und fast gerecht zu schließen. In dieser Dimension beabsichtigen Aktionen zivilen Ungehorsams, der rechtsstaatlich-demokratischen Gesellschaft die durch sie selbst verursachten Ungerechtigkeiten vorzuhalten. Die zivil Ungehorsamen arbeiten in diesem Modell für den demokratischen Rechtsstaat und in seiner Verteidigung. Das illustrieren bereits historische Beispiele wie die amerikanische Bürgerrechtsbewegung. Mit Aktionen zivilen Ungehorsams machten Schwarze Bürger*innen ihnen verwehrte Rechte geltend, indem sie gegen Gesetze zur Rassentrennung verstießen. Damit schufen sie zugleich, so Jürgen Habermas, «Testfälle für die Verfassung», die im Rahmen gerichtlicher Verfahren Neuinterpretationen der Verfassung und damit auch Neuregelungen des einfachen Rechts bewirkten.

Ich werde diese rechtsstaatliche Funktion in Kapitel 2 an verschiedenen Beispielen aus der aktivistischen Praxis verdeutlichen. In Deutschland wird unter dem Stichwort der Klimagerechtigkeit beispielsweise immer wieder auf die Interpretation des Artikels 20a Grundgesetz Bezug genommen, der den Staat verpflichtet, die natürlichen Lebensgrundlagen zu schützen. Aktivist*innen haben die rechtliche Aufwertung dieser Bestimmung angestoßen, indem sie ihre Interpretation der Regelungen vor den Gerichten vertreten haben – und auf diese Weise deren Integration in die Rechtsprechung und Gesetzgebung erwirkt haben. Sowohl die inhaltlichen Anliegen (der Klimaschutz) als auch die Protestmittel (Was ist gerechtfertigt? Was ist von der Versammlungsfreiheit geschützt?) erfahren in Aktionen zivilen Ungehorsams eine Neuinterpretation. Die Ungehorsamen verdeutlichen damit, dass die Verfassung ein «lebendiges» Dokument ist, an dessen Auslegung die Bürger*innen im Rahmen einer «offenen Gesellschaft der Verfassungsinterpreten» teilhaben können, um eine Formulierung des Staatsrechtslehrers Peter Häberle aufzugreifen.

Die demokratische Dimension: Warum ziviler Ungehorsam stören darf

Eine offene Gesellschaft der Verfassungsinterpret*innen setzt voraus, dass der Zugang zu dieser Gesellschaft auch denjenigen offensteht, die unter den Gesetzen und der Verfassung leben und ihnen unterworfen sind. Demokratische Ordnungen integrieren jedoch nicht nur Personen und plurale Interessen. Sie schließen notwendigerweise auch aus. Die Bewegung *Black Lives Matter* verdeutlicht schon mit ihrem Namen, dass eben nicht jede Person am gesellschaftlichen Leben gleichermaßen teilhaben kann und dass politische, gesellschaftliche und auch rechtliche Strukturen Ungleichgewichte in der Vernehmbarkeit der Stimmen verursachen. In diesen Fällen macht der zivile Ungehorsam auf mehr als nur eine Lücke zwischen der gerechten und der fast gerechten Gesellschaft aufmerksam. Vielmehr hinterfragt er die Prämissen, die den Gerechtigkeitsvorstellungen dieser Gesellschaft vorangehen.

In Kapitel 3 werde ich daher mithilfe radikaldemokratischer Ansätze eine Konzeption zivilen Ungehorsams vorstellen, die dessen Bedeutung in der Infragestellung zentraler Annahmen der rechtsstaatlichen Funktion sieht. Ein rechtsstaatliches Verständnis zivilen Ungehorsams basiert auf Prämissen eines liberalen und deliberativen Verständnisses des demokratischen Rechtsstaats. Dieses Selbstverständnis umfasst zum einen, dass alle gleichermaßen als Bürger*innen an demokratischen Verfahren, insbesondere an Wahlen, teilhaben können und mit den gleichen Rechten ausgestattet sind. Zum anderen basiert insbesondere die deliberative Demokratietheorie auf der Vorstellung, dass es einen herrschaftsfreien und vernünftigen öffentlichen Diskurs gibt. Rechte, Staatsbürgerschaft, Vernunft, Öffentlichkeit und andere zentrale Grundbegriffe dieser Konzeptionen bringen jedoch eine

Reihe von Problemen und Ausschlüssen hervor, die in rechtsstaatlichen Konzeptionen des zivilen Ungehorsams nicht ausreichend berücksichtigt werden.

Die Annahme, dass Gesetzen unbedingt zu folgen ist, weil sie auf demokratischer Mitbestimmung beruhen, greift nur dort, wo diese Mitbestimmung auch wirklich gegeben ist. Die Annahme, dass alle gleichermaßen an öffentlichen Diskursen teilhaben können und im Rahmen demokratischer Repräsentationsverfahren berücksichtigt werden, greift nur dort, wo diese Stimmen tatsächlich gehört und berücksichtigt werden. Aber auch der Kriterienkatalog, den der klassische, rechtsstaatliche Zugang zur Rechtfertigung zivilen Ungehorsam aufstellt, geht von Bedingungen aus, die nicht für alle gleichermaßen gegeben sind. Ein radikaldemokratisches Verständnis zivilen Ungehorsams hilft uns, festgefahrene Annahmen und als selbstverständlich erachtete Interpretationen zu hinterfragen. Erst so werden die Gerechtigkeitsdefizite sichtbar, die den Ansprüchen des demokratischen Rechtsstaats auf gleiche Teilhabe an Verfahren und Diskursen widersprechen. Damit eröffnen sie einen Raum für notwendige Veränderungen und Neuinterpretationen der Verfassung.

Die ethische Funktion: «Ich habe einen Traum»

Die dritte Funktion richtet sich weniger auf die rechtsstaatliche Integrität der Verfassung oder die demokratische Integrität der politischen Gemeinschaft als auf die Integrität der eigenen Person. Schon einer der prominentesten unter den antiken Ungehorsamen, der Philosoph Sokrates, rüttelte seine Mitbürger wach. Das tat er nicht nur, um die demokratische Gemeinschaft zu schützen, sondern auch, weil er nicht mit sich selbst leben konnte, wenn er nicht die Wahrheit sprach. Indem er die gefestigten Ansichten seiner Mitbürger im Dialog mit ihnen infrage stellte, war er *als Philosoph und moralisches Individuum* stets der Wahrheit mehr verpflichtet als den politischen Machtverhältnissen. Für diese Haltung wurde er zum Tode verurteilt und blieb bis zum Schluss *als Bürger* seiner Heimatstadt treu: Er vollzog das Todesurteil selbst, indem er aus dem Schierlingsbecher trank. Die Erzählung von moralisch integren Individuen, die sich für ihre Überzeugungen einsetzen und den Mut aufbringen, die Wahrheit zu sagen, setzt sich von der Antike über Mohandas Karamchand Gandhi oder Martin Luther King bis in die Gegenwart hin zu Greta Thunberg fort.

Dabei ist es eine verbreitete Kritik gegenüber zivil Ungehorsamen, dass sie sich dazu aufschwingen, die Wahrheit gepachtet zu haben. Verstehen wir ihr «Wahrsprechen» (Michel Foucault) aber, meiner These folgend, als eine Praxis der Verfassungsinterpretation, stellt sich die Situation in zweierlei Hinsicht anders dar. Denn Verfassungsordnungen kommen ohne den Mut zur Wahrheit nicht aus. Wenn Martin Luther King in seiner berühmtesten Rede seinen Traum einer egalitären Gesellschaft beschreibt («I have a dream»), dann formuliert er damit die Vision einer normativen Zukunft ohne Rassismus – einer Zukunft, die zumindest zum Zeitpunkt seiner Rede wie eine Utopie erschien. Ohne diese Ernsthaftigkeit und ohne solche von Ungehorsamen artikulierten Visionen können zentrale Verfassungsbegriffe wie Versammlung, Gewissensfreiheit, Gleichheit oder auch Klimaschutz gar nicht mit Bedeutung gefüllt werden. Der zivile Ungehorsam in seiner ethischen Dimension stellt daher erstens die Sinnquellen bereit, aus denen Institutionen ihre Auslegungen der Verfassung schöpfen. Und zweitens ist es ein Kernanliegen liberaler Verfassungen, ihren Bürger*innen ein gutes und authentisches Leben nach ihren eigenen Wertvorstellungen als moralische Individuen zu ermöglichen. Praktiken des zivilen Gehorsams sollten wir daher so verstehen, dass sie für diese verfassungsrechtliche Ermöglichung eintreten.

Damit sind die Vorbehalte gegenüber zivilem Ungehorsam aber nicht aus dem Weg geräumt. Die Frage bleibt, wie wir den Ungehorsam, der sich nicht mit dem demokratischen Rechtsstaat vereinbaren lässt, erkennen und bewerten. Wie ist beispielsweise damit umzugehen, wenn die Vision einer normativen Zukunft nicht auf Egalität und Freiheit, sondern – wie bei Reichsbürger*innen – auf ein völkisches Verständnis von Gleichheit gerichtet ist? Oder wenn rechtsautoritäre Bewegungen Verfassungsgerichte unterminieren und ihre Vorstellungen, wie beispielsweise in den USA durch ein großflächiges Verbot von Schwangerschaftsabbrüchen, im Rahmen einer «Verfassungsinterpretation» durchsetzen? In Kapitel 1 möchte ich daher versuchen, ausgehend von der Kritik am zivilen Ungehorsam den Maßstab festzulegen, mit dem wir zwischen verschiedenartigen Bezugnahmen auf die Verfassung unterscheiden können – das heißt zwischen verschiedenartigen Verständnissen des zentralen Anspruchs der Verfassung: Freiheit und Gleichheit für alle zu gewährleisten.

1
Recht brechen

Einen vorläufigen Höhepunkt erreichte die Kritik an Klimaaktivist*innen in Deutschland Anfang November 2022. Eine Radfahrerin starb nach einem Verkehrsunfall im Krankenhaus, nachdem der Rettungswagen in einem durch Klimaaktivist*innen verursachten Stau stecken geblieben war. Auch wenn ihr Tod letztendlich nicht auf die staubedingt verzögerte Ankunft im Krankenhaus zurückgeführt werden konnte, veranlasste der Fall Bundesinnenministerin Nancy Faeser zu folgenden Aussagen:

> Wenn Straftaten begangen werden und andere Menschen gefährdet werden, ist jede Grenze legitimen Protests überschritten. All das hat mit einer demokratischen Auseinandersetzung überhaupt nichts zu tun. Die Straftäter müssen schnell und konsequent verfolgt werden.[1]

Mit ähnlicher Vehemenz kritisiert immer wieder prominent der Vorsitzende der Deutschen Polizeigewerkschaft, Rainer Wendt die Aktivist*innen insbesondere der *Letzten Generation*: Er spricht von ihnen als «Extremisten», «Chaoten» und «Kriminellen».[2]

Diese Einschätzungen von ungehorsamen Protesten sind nicht neu. Im Jahr 1969 entschied der Bundesgerichtshof über einen Fall, bei dem Studierende sich auf Schienen setzten, um einer Straßenbahn den Weg zu blockieren und so gegen eine Preiserhöhung zu protestieren. Dieses Verhalten als legal zu betrachten, liefe, so der Bundesgerichtshof im berühmten «Laepple-Fall», auf die

> Legalisierung eines von militanten Minderheiten geübten Terrors hinaus, welcher mit der auf dem Mehrheitsprinzip fußenden demokratischen Verfassung, letztlich aber auch als Verstoß gegen das Prinzip der Gleichheit aller vor dem Gesetz mit den Grundsätzen der freiheitlichen demokratischen Grundordnung schlechthin unverträglich ist.[3]

Der Ungehorsam ist diesen Äußerungen zufolge undemokratisch, rechtsstaatsfeindlich, kriminell und wird sogar mit Terrorakten verglichen. Diese Aussagen laufen auf ein Verständnis von Demokratie und Rechtsstaat hinaus, das mit Protestformen wie dem zivilen Ungehorsam unvereinbar ist. Ich behaupte hingegen, dass ziviler Ungehorsam als Teil eines aktiven und lebendigen demokratischen Rechtsstaats begriffen werden sollte. Mit meiner These möchte ich sogar noch einen Schritt weitergehen und behaupten, dass ziviler Ungehorsam eine Form der Verfassungsinterpretation darstellt.

Die These hat zwei Seiten. Die eine Seite weist einen Grundgedanken der Demokratie aus, und zwar, dass alles auch anders sein kann. Gesellschaft, Politik, Institutionen und Gesetze sind von Menschen gemacht und lassen sich von Menschen auch ändern. Daran zu glauben, dass sich Dinge, mit denen man unzufrieden ist, verändern lassen, dass man sie selbst verändern kann, ist ein Grund, warum Demokratien funktionieren. Dass nichts für immer gesichert sein und absolut gesetzt werden darf, ist aber auch eine Gefahr der Demokratie; sie ist, wie wir gleich genauer sehen werden, radikal fundamentlos.

Die andere Seite meiner These zieht diesem Demokratieverständnis daher rechtsstaatlich begründete Grenzen: Kann Demokratie wirklich bedeuten, dass alles reversibel und veränderbar ist? Damit das demokratische Potenzial des Ungehorsams erhalten bleibt, muss er eine zentrale Voraussetzung erfüllen: die Anerkennung aller als Freie und Gleiche. Diesen Gedanken, den ich als Kern jeder demokratischen Verfassung ansehe, will ich als Kriterium zur Bewertung von zivilem Ungehorsam herausarbeiten.

Bevor ich dazu komme, gilt es jedoch zunächst zu verstehen, mit welchen Argumenten die Kritik am zivilen Ungehorsam seine Unvereinbarkeit mit dem demokratischen Rechtsstaat begründet. Und dafür müssen wir uns der Frage stellen, warum wir überhaupt den Gesetzen gehorchen sollen.

Der Fall Sokrates: Drei Argumente für den unbedingten Gesetzesgehorsam

Warum müssen wir den Gesetzen gehorchen, selbst wenn sie ungerecht sind? Diese Frage diskutiert Sokrates mit seinem Freund Kriton am Vorabend seines Todes. Denn Sokrates wurde von den Bürgern Athens zum Tode verurteilt. Die stechenden Fragen an seine Mitbürger und sein Mut, kompromisslos die Wahrheit zu suchen, wurden ihm als Ungehorsam gegen die Gesetze, als Verführung der Jugend und als Gottlosigkeit ausgelegt.[4]

Wie in Athen zu dieser Zeit üblich, soll Sokrates das Urteil gegen sich selbst vollstrecken und den Schierlingsbecher leeren. Dem Drängen seines Freundes Kriton, ihm zur Flucht zu verhelfen, setzt er ein Plädoyer für den Gesetzesgehorsam entgegen: Als Philosoph ist Sokrates zwar der Wahrheit verpflichtet; in dieser Rolle überwiegt die Liebe zur Wahrheit seine Gehorsamspflicht gegenüber den Gesetzen Athens. Als Bürger gilt seine Treue jedoch der Stadt Athen und ihren Gesetzen; konsequenterweise muss er sich daher dem Urteil des attischen Gerichts beugen. Denn breche er dieses eine Mal das Gesetz, dann greife er die Geltung der Gesetze als Ganzes an. Sokrates zufolge sind es aber gerade die Gesetze Athens, die ihm erst ein gutes Leben ermöglicht haben. Voraussetzung dafür ist nicht eine negative Freiheit vor staatlichen Eingriffen, sondern eine positive, politische Freiheit, die sich nur im Rahmen einer politischen Gemeinschaft von Freien und Gleichen verwirklichen kann. Diese Freiheit und Gleichheit aber schaffen erst die Gesetze, die wie Stadtmauern die Polis als einen politischen Raum etablieren.[5] Das Gesetz zu brechen, bedeutet in dieser Vorstellung, aus der demokratischen Gleichheit herauszutreten und die Mauern der Polis einzureißen.

Sokrates verteidigt seinen Gesetzesgehorsam damit, dass er die Möglichkeit hatte, seine Mitbürger von seiner Unschuld zu überzeugen und nunmehr die Mehrheitsentscheidung gegen ihn akzeptieren muss. Die Bürger, die diese Entscheidung treffen, haben ihm ein gutes Leben ermöglicht, das ihn zur Treue der Polis gegenüber verpflichtet. Und auch Kriton sieht am Ende des Dialogs ein, dass Sokrates der Demokratie einen letzten Dienst erweist, indem er den Schierlingsbecher leert.

Sokrates' Argumentation baut somit auf drei Kerngedanken auf: der Zustimmung zu den Gesetzen, der Loyalität zur politischen Gemeinschaft und dem Erhalt der politischen Ordnung.

Das Zustimmungsargument. Erstens argumentiert Sokrates, dass er durch seinen Verbleib in der Polis implizit der politischen Ordnung und ihren Gesetzen zustimmt. Er konnte am Gerichtsverfahren gegen sich teilnehmen, über die Gesetze mitbestimmen und hatte Gelegenheit, die anderen von seiner Ansicht zu überzeugen. Wenn ihm das nicht gelingt, muss er das Votum akzeptieren, da er auch den Gesetzen zugestimmt hat, auf deren Grundlage die Entscheidung getroffen wurde.

Dieses Zustimmungsargument findet sich in der aktuellen Diskussion um den zivilen Ungehorsam immer wieder: Die Demokratie stellt Verfahren zur Verfügung, die Teilhabe und Zustimmung ermöglichen sollen. Das Funktionieren dieser Verfahren ist davon abhängig, dass die Bürger*innen die Ergebnisse der in diesen Verfahren getroffenen Mehrheitsentscheidungen akzeptieren. Im Unterschied zur Polis stehen die Bürger*innen aber nicht mehr im direkten Austausch miteinander. Im Rahmen von periodisch stattfindenden Wahlen bestimmen sie Vertreter*innen, die für sie entscheiden. Daraus ergeben sich zwei wesentliche Probleme, die das Zustimmungsargument schwächen, wenn nicht sogar entkräften: Zum einen findet die Zustimmung zu den Gesetzen im Rahmen einer Mehrheitsentscheidung statt. Die Zustimmung eines Teils des Wahlvolks wird für das ganze, die Zustimmung im Moment der Wahl für die Dauer der ganzen Wahlperiode *fingiert.*[6] Zudem ist auch die Vorstellung einer stillschweigenden Zustimmung zu der politischen Ordnung durch Verbleib in dieser Ordnung eine Fiktion: De facto können sich die meisten Menschen nicht einfach aussuchen, wo sie leben wollen, sodass sich von dem Wohnsitz nicht auf eine Zustimmung schließen lässt.

Zum anderen ist das Zustimmungsargument im zeitgenössischen demokratischen Rechtsstaat eigentlich ein Repräsentationsargument. Daraus ergibt sich das Problem, ob die Repräsentation in Parlamenten effektiv ist; das heißt, ob alle relevanten Interessen erkannt und ausreichend berücksichtigt werden. Ziviler Ungehorsam kann aufzeigen, an welchen Stellen die Repräsentation in der Mehrheitsdemokratie nicht funktioniert. So haben eben nicht alle Menschen, die den Gesetzen unterworfen sind, den Gesetzen auch zugestimmt bzw. an Wahlen teilgenommen – wie etwa Geflüchtete oder Minderjährige. Außerdem treffen wir heutzutage Entscheidungen, deren Auswirkungen vor allem für kommende Generationen relevant sind oder sich auch auf Menschen auswirken, die nicht in Deutschland, sondern insbesondere im globalen Süden leben und die von der Entscheidung ausgeschlossen sind. Ziviler Ungehorsam kann daher erstens die Exklusivität der politischen Ordnung und die Effektivität der politischen Repräsentation thematisieren.

Dieser Aspekt leitet über zu dem zweiten Problem, und zwar, ob alle Stimmen in einer politischen Ordnung überhaupt repräsentiert werden können. Schon in der Polis setzte die Teilhabe eine Erziehung, Bildung und Artikulationsfähigkeit voraus, die nur Männern eines bestimmten Alters und einer bestimmten Herkunft zukam. Darüber hinaus setzt Repräsentierbarkeit eine Form der *politischen Subjektivierung* voraus. Damit die Interessen von Frauen, von Menschen mit Migrationshintergrund oder mit einer Behinderung repräsentiert werden können, müssen wir sie und sie sich selbst als solche verstehen. Repräsentation droht daher, Identitäten aufzudrängen und die damit verbundenen Ungerechtigkeiten zu verfestigen. Wird man beispielsweise als «Mensch mit Behinderung» repräsentiert, dann bestätigt diese Einordnung eine Unterscheidung zu Menschen «ohne Behinderung» und damit etwas, das Menschen «mit Behinderung» vielleicht gerade überwinden wollen. Ziviler Ungehorsam ermöglicht es hingegen, jenseits von Repräsentation in vorgegebenen Schemata einen politischen Raum zu eröffnen, in dem sich Interessen und Identitäten zeigen können. Denn ziviler Ungehorsam vollzieht sich im Präsens; er ermöglicht tatsächlich Präsent- und Sichtbarmachung von Menschen, von ihren Geschichten und Anliegen.

Das Loyalitätsargument. Das zweite sokratische Argument für den Gesetzesgehorsam ergibt sich aus den Treueverhältnissen in der Polis. Die Vorteile der Polis zu genießen und dann im entscheidenden Moment ungehorsam zu sein, läuft Sokrates zufolge auf ein Unrecht hinaus. Seine Loyalität geht aber über dieses «Trittbrettfahrer-Argument» hinaus. Sokrates weiß, dass sein Leben ein gutes Leben war, weil er sein Dasein als Freier und Gleicher in einer Gemeinschaft von Freien und Gleichen verwirklichen konnte. Das quasi-freundschaftliche Verhältnis unter den Bürgern der Polis geht so weit, dass Sokrates bereit ist, ein Todesurteil gegen sich selbst zu vollstecken. Heutzutage würde auch ein Sokrates vermutlich anders handeln. Der Grad an Loyalität, den der moderne Rechtsstaat für sich beansprucht, ist viel geringer, weil die Beziehung zu den Mitbürger*innen eine andere ist.[7]

Das liegt auch an einem anderen Verständnis von Freiheit. Der liberale Rechtsstaat hat in erster Linie den Schutz der individuellen Freiheit, den Schutz der Einzelnen vor Eingriffen des Staats und vor anderen Individuen vor Augen. Die Verfassung wird dabei konzipiert als ein Minimalkonsens, als der kleinste gemeinsame Nenner, der notwendig geschützt werden muss, um individuelle Freiheit zu verwirklichen. Dieser Minimalkonsens kann aber keinen unbedingten Gesetzesgehorsam motivieren. Es ist eines der Hauptanliegen des Liberalismus, innerhalb einer gerechten Ordnung gerade einen Pluralismus der Weltanschauungen und Lebensmodelle zu verwirklichen.

Statt im Ungehorsam daher nur einen Rechtsbruch zu sehen, möchte ich im Folgenden erstens eine Lesart anbieten, die im Rechtsbruch die *Verwirklichung einer anderen Norm* erkennt. Ziviler Ungehorsam ist motiviert von Überzeugungen, von Gewissensentscheidungen und moralischen Erwägungen, die Ungehorsame als zwingender erachten als das einfache Gesetz. Sie leben damit einen Pluralismus, der bis zu einem gewissen Grad vom Rechtssaat toleriert werden muss.[8]

Zweitens greifen im Falle des Loyalitätsarguments ähnliche Gegenargumente wie beim Zustimmungsargument. Um Loyalität empfinden zu können, müssen sich die Bürger*innen als Freie und Gleiche begegnen können. Was ist aber in den Fällen, in denen genau diese Anerkennung nicht stattfindet, weil Personen systematisch von der demokratischen Teilhabe ausgeschlossen werden? In vielen Fällen stellt ziviler Ungehorsam gerade die Loyalitätsbeziehungen und -erwartungen infrage, die die heutige Gesellschaft von der kleinen und homogenen Gemeinschaft der Bürger Athens unterscheidet – so zum Beispiel in den aktuellen Fällen von *Black Lives Matter* oder in den Protesten von Geflüchteten.[9]

Das sokratische Loyalitätsargument ist mithin nicht so einfach übertragbar auf die zeitgenössische demokratische Gesellschaft. Daher stellt sich die Frage, ob die Mitbürger*innen beziehungsweise das «Volk» überhaupt der geeignete Anknüpfungspunkt für derartige Loyalitätserwartungen sein sollte. Loyalität gilt im demokratischen Rechtsstaat nicht der politischen Gemeinschaft. Auch die einfachen Gesetze müssen sich an einem höheren Maßstab messen lassen, und zwar an der Verfassung. Ziviler Ungehorsam kann daher drittens als eine Form der Loyalität zur Verfassung verstanden werden, indem der Bruch einfachen Rechts der Verwirklichung der Verfassung dient.[10] Die Verfassung lebt stets von einer gewissen Unbestimmtheit, die sie in grundlegenden Gerechtigkeitsfragen anpassungsfähig macht und die Möglichkeit (auch grundlegend) abweichender Interpretationen einer rechtlichen Ordnung ermöglicht.

Das Ordnungsargument. Bleibt das dritte und in seiner Dramatik vielleicht gewichtigste Argument von Sokrates. Er argumentiert aus der Sicht der Gesetze wie folgt:

> Ist es nicht so, daß du durch diese Tat, welche du unternimmst [die Flucht, S. A.], uns den Gesetzen und also dem ganzen Staat den Untergang zu bereiten gedenkst […]? Oder dünkt es dich möglich, daß jener Staat noch bestehe und nicht in gänzliche Zerrüttung gerate, in welchem die abgetanen Rechtssachen keine Kraft haben, sondern von Einzelpersonen können ungültig gemacht und umgestoßen werden?[11]

Diese rhetorische Frage beantwortet Sokrates mit einem klaren «Nein». Wer einmal das Gesetz bricht und damit die absolute Geltung der Gesetze infrage stellt, der «zerrüttet» die gesamte Ordnung; der eröffnet die Möglichkeit, die Gesetze nach eigenem Gutdünken zu befolgen oder zu brechen und zweifelt damit die Legitimität einer Ordnung an, die darauf beruht, das eigene Gerechtigkeitsempfinden und die eigenen Interessen den gemeinsam beschlossenen Gesetzen unterzuordnen.

Dass Sokrates' Auffassung alles andere als obsolet ist, verdeutlicht eine Formulierung Josef Isensees von 1983:

> Wo aber der Bürger als Richter in eigener Sache agiert, ist Rechtssicherheit unmöglich, die letztlich Gesichertheit der Interpretationsinstanzen bedeutet. Wer souverän über die Beachtlichkeit der Gesetze disponiert, verfügt auch über deren Inhalte. Effektiv enthält der Appell zum ‹gewaltfreien Widerstand› (oder zum ‹zivilen Ungehorsam›, seiner Kehrseite) auch die Aufkündigung des staatlichen Bürgerfriedens. Wer den ‹gewaltfreien Bürgerkrieg› führt, definiert auch, was dieser ist.[12]

Beiden Aussagen, Sokrates' und Isensees, liegen zwei Annahmen zugrunde, die auch in der Kritik des zivilen Ungehorsams eine entscheidende Rolle spielen. Die erste Annahme zeigt die Fragilität demokratischer Ordnungen auf: Schon der einzelne Rechtsbruch kann laut Sokrates den Zusammenbruch der gesamten Ordnung bewirken. Isensee stellt dabei ausdrücklich einen Zusammenhang zwischen dem einzelnen Akt des Ungehorsams und der Notwendigkeit her, dass die Rechtsinterpretation exklusiv den dafür zuständigen Instanzen, also den Gerichten, vorbehalten sein muss. Die Entscheidung darüber, ob und wann man den Gesetzen gehorchen will, kann demnach nicht den Individuen überlassen werden, ohne den «staatlichen Bürgerfrieden» (Isensee) aufzukündigen oder «dem ganzen Staat den Untergang zu bereiten» (Sokrates).

Einen einzelnen Akt des Ungehorsams mit der Ablehnung der gesamten Ordnung gleichzusetzen, ist aber in dieser Absolutheit nicht überzeugend. Wäre es wirklich Sokrates' Flucht gewesen, die den Untergang Athens bedeutet hätte? Oder zeichnet sich der Untergang der Polis nicht eher darin ab, dass sie ungerechte Gesetze und Urteile beschließt und sich ihre Bürger nicht dagegen wehren? Ungehorsam und Aufrechterhaltung der Ordnung schließen sich nicht gegenseitig aus. Vielmehr wird es im Folgenden darauf ankommen, Kriterien und Gründe zu finden, mit denen wir entscheiden können, wann ein Rechtsbruch mit der Ordnung des demokratischen Rechtsstaats vereinbar ist – und wann nicht.

Zweitens setzt das Ordnungsargument normativ voraus, dass die Ordnung erhalten werden soll. Daraus ergibt sich ein weiteres Begründungserfordernis dahingehend, *warum* sie erhalten werden soll, bzw. warum die Ordnung gut oder legitim ist. Um diese Frage zu beantworten, können wir auf einige typische Rechtfertigungsansätze politischer Herrschaft zurückgreifen.

In der vertragstheoretischen Begründungslinie der frühen Neuzeit argumentiert Thomas Hobbes, dass Individuen vernünftiger- und natürlicherweise den Befehlen und Gesetzen eines Herrschers gehorchen, wenn dieser ihren Schutz und ihre Sicherheit gewährleisten kann. Für ihn sind die Menschen radikal gleich, weil sie sich alle gleichermaßen, und sei es auch nur durch List, töten können. In dieser Gesellschaft von Wölfen motiviere der Wunsch nach Selbsterhaltung zum fast unbedingten Gehorsam und damit zum Erhalt der Ordnung.[13] Zur Vollstreckung eines Todesurteils gegen sich selbst motiviert dieser Gedanke jedoch nicht.[14]

Demgegenüber steht Jean-Jacques Rousseau schon eher für eine Modernisierung der Polis-Gemeinschaft. Ähnlich dem Ideal der griechischen Antike sieht er in der politischen Gemeinschaft mehr als die Summe der in ihr vertretenen Einzelinteressen. Der Gesellschaftsvertrag, den Rousseau in seiner politischen Theorie entwickelt, kommt den freundschaftlichen Banden der Polis-Gemeinschaft nahe. Rousseau vertritt ein direktdemokratisches Modell, in dem die Bürger auch über die einzelnen Gesetze mitentscheiden können. Das so gefundene Gesetz wird zum Ausdruck eines Allgemeinwillens. Wer ihm widerspricht, unterliegt einer Täuschung; er hat den überlegenen Gemeinwillen nicht erkannt. Wenn es aber einen Gemeinwillen gibt, den es zu finden gilt, dann kommt es auch bei Rousseau genau genommen nicht auf die abgegebene Stimme an. Die Mehrheit ist dann nur ein Indiz für ein übergeordnetes Gemeinwohl.[15]

Immanuel Kant hingegen begründet den Gesetzesgehorsam mit einem Gebot der Vernunft. Weder die tatsächliche Zustimmung noch die Referenz auf den Gemeinwillen ist für ihn entscheidend. Die Legitimität der Gesetze richtet sich nach einer hypothetischen Zustimmung. Die Gesetze sind so zu verfassen, «als ob» jeder Bürger ihnen vernünftigerweise hätte zustimmen können. Mit der Zustimmungsfähigkeit – statt der tatsächlichen Zustimmung – führt auch Kant wiederum ein Kriterium ein, das außerhalb der demokratischen Entscheidung liegt.[16]

Sicherheit, Gemeinwohl und Bürgerloyalität, Vernunft sowie lange Zeit auch Religion und göttliches Gesetz werden zur Unterstützung des Ordnungsarguments herangezogen. All diese Gründe – auch wenn sie der Verwirklichung individueller und kollektiver Freiheit dienen sollen – weisen aber über die Ordnung und ihren Erhalt hinaus. Sie bilden Begründungsfundamente, die die Frage beantworten, warum die Ordnung erhalten und warum den Gesetzen gehorcht werden muss. Die Antworten lauten: Ich gehorche, weil ich beschützt werde; ich gehorche, weil ich mein eigenes Interesse dem Gemeinwillen unterordne; ich gehorche, weil die Ordnung vernünftig bzw. sittlich ist; ich gehorche, weil es Gott so will. All diese Antworten funktionieren für die Bürger*innen des modernen demokratischen Rechtsstaats nicht mehr. Er kann sich nicht mehr von einem absoluten Prinzip, einer objektiven Vernunft oder einem göttlichen Willen tragen lassen. Im demokratischen Rechtsstaat sagen die Bürger*innen: Ich gehorche, weil ich auch nicht gehorchen kann.

Interpretation und Verfassung

In den zu Beginn des Kapitels aufgezählten Bedenken kommt die Sorge zum Ausdruck, dass mit der Akzeptanz von Gesetzesbrüchen auch eine Relativierung der demokratischen Verfahren einhergeht, aus denen diese Gesetze hervorgegangen sind. Den punktuellen Ungehorsam zu legitimieren, könnte so Argumentationsräume für diejenigen eröffnen, die nicht für, sondern gegen die Demokratie kämpfen wollen.

Argumente für unbedingten Gehorsam zu entkräften, bedeutet daher noch nicht, ein eigenes, positives Verständnis des zivilen Ungehorsams anzubieten. Diese positive Begründung soll allererst meine These vom zivilen Ungehorsam als Verfassungsinterpretation liefern. Das mag zunächst kontraintuitiv sein: Wer von der Demokratie- und Rechtsstaatsfeindlichkeit des zivilen Ungehorsams überzeugt ist, für den*die muss sich meine These zumindest wie eine Provokation oder im schlimmsten Fall wie eine Perversion eines demokratisch-rechtsstaatlichen Verfahrens anhören. Denn den Bruch von Gesetzen als eine Interpretation der diesen Gesetzen übergeordneten normativen Grundlage – der Verfassung – zu betrachten, könnte bedeuten, die institutionellen Mechanismen der repräsentativen Demokratie nicht nur zu übergehen, sondern sie auch noch als Verfassungsinterpretationen zu adeln.

In der Tat läuft ein Konzept des zivilen Ungehorsams als Verfassungsinterpretation einerseits Gefahr, genau dafür Argumentationsmaterial zu liefern, was es verhindern will, nämlich regressive und exkludierende Bezugnahmen auf die Verfassung.

Andererseits droht ein zu konkreter und aufgeladener Begriff der Verfassung, der Demokratie und des Rechtsstaats über das Ziel hinauszuschießen. Das Phänomen, das dafür paradigmatisch steht, ist die «wehrhafte Demokratie». Der Begriff bezeichnet ein politisches Konzept, das sich darauf konzentriert, die demokratische Ordnung vor Angriffen von innen oder außen zu verteidigen. Es bezieht sich auf Maßnahmen, die Kerngehalte der Verfassung – Menschenwürde, Demokratie und Rechtsstaat – vor Angriffen schützen sollen. Die Gefahr einer falsch verstandenen «wehrhaften Demokratie» besteht jedoch darin, das Kind – ein inklusives Demokratie- und Rechtsstaatverständnis, das von einer Idee der Freiheit und Gleichheit geleitet ist – mit dem Bade auszuschütten und dadurch berechtigte Kritik und notwendige Veränderung zu verhindern.

Um beiden Gefahren – der Instrumentalisierung des Verfassungsbegriffs und eines ins Autoritäre kippenden «Schutzes» der Verfassung – zu entgehen, bedarf es einer Klarstellung, was ich mit «Verfassungsinterpretation» meine. Meine These setzt zum einen ein Verständnis von Verfassung voraus, das durch einen universalistischen Begriff von Freiheit und Gleichheit bestimmt ist. Und zum anderen bringe ich einen Interpretationsbegriff in Anschlag, der von der Idee geprägt ist, dass jenseits dieser Grundvoraussetzung von Freiheit und Gleichheit in der Demokratie Revisionen, Veränderungen und Neuanfänge möglich sein müssen.

Zur Interpretation: In der Demokratie kann alles auch immer anders sein. Der Verfassungsrechtler und ehemalige Bundesverfassungsrichter Ernst-Wolfgang Böckenförde hat auf die eben bereits angedeutete paradoxe Natur des demokratischen Rechtsstaats aufmerksam gemacht:

> *Der freiheitliche, säkularisierte Staat lebt von Voraussetzungen, die er selbst nicht garantieren kann.* Das ist das große Wagnis, das er, um der Freiheit willen, eingegangen ist. Als freiheitlicher Staat kann er einerseits nur bestehen, wenn sich die Freiheit, die er seinen Bürgern gewährt, von innen her, aus der moralischen Substanz des einzelnen und der Homogenität der Gesellschaft, reguliert. Andererseits kann er diese inneren Regulierungskräfte nicht von sich aus, das heißt mit den Mitteln des Rechtszwanges und autoritativen Gebots, zu garantieren suchen, ohne seine Freiheitlichkeit aufzugeben und – auf säkularisierter Ebene – in jenen Totalitätsanspruch zurückzufallen, aus dem er in den konfessionellen Bürgerkriegen herausgeführt hat.[17]

Paradox ist der freiheitliche, säkularisierte Staat demnach, weil er etwas – nämlich einen ihm vorausliegenden Grund – voraussetzt, den er als freiheitliche, säkularisierte Ordnung aber nicht voraussetzen – das bedeutet: mit Zwang durchsetzen – kann. Böckenförde hat dabei zunächst einmal das Problem der säkularen Ordnung in der Nachfolge von religiös fundierten Ordnungen vor Augen. Noch in der frühen Neuzeit basiert die politische Gemeinschaft auf einem gemeinsamen Glauben. Der Staat verkörpert in diesem religiös fundierten System «die Substanz des Allgemeinen».[18] Er stützt sich auf eine Gemeinsamkeit, auf einen dem Recht und dem Staat eigentlich vorausliegenden und übergeordneten Grund. Fällt dieser Grund beziehungsweise jene Substanz weg, bleibt der Staat seine eigene Begründung schuldig. Um die Freiheit seiner Bürger*innen zu ermöglichen, darf der Staat keine absolute Loyalität mehr beanspruchen, wie sie noch Sokrates sich selbst abverlangt hat oder wie sie bei Rousseau zum Ausdruck kommt. Der Staat kann sich nicht auf eine übergeordnete Vernunft oder nur auf den Schutz seiner Bürger*innen berufen, wie noch bei Kant oder Hobbes. Dadurch entsteht eine Leerstelle, die Böckenförde durch andere Legitimationsgrundlagen ohne «Totalitätsanspruch» zu schließen versucht.

Das erste dieser Legitimationsangebote, die einheitsstiftende Kraft der Nation und den darauf aufbauenden Patriotismus, lehnt Böckenförde ab. Dieses Angebot widerspricht der individuellen Freiheit und dem Schutz der Menschenrechte, die dem Liberalismus zugrunde liegen. Die Vorstellungen von einer darauf zu stützenden Bürgerloyalität fallen im Grunde wieder in eine homogenisierende Vorstellung der politischen Gemeinschaft zurück, wie wir sie im Polis-Modell beobachtet haben. Böckenförde wendet sich aber auch gegen ein weiteres Angebot, dass das Bundesverfassungsgericht unter dem Begriff der «objektiven Wertordnung» zusammenfasst.[19] Gemeint ist damit, dass der Kerngehalt der im Grundgesetz festgelegten Grundrechte ein moralisches Fundament legt, dass insoweit «objektiv» ist, als dass es für alle gilt – also nicht nur im Verhältnis von Staat und Bürger*innen, sondern auch zwischen den Individuen selbst. Böckenförde zufolge bietet dieser objektivierte und damit der politischen und rechtlichen Ordnung wiederum vorausliegende und übergeordnete Wertekatalog nur einen «dürftige[n] und auch gefährliche[n] Ersatz»[20] für eine vorpolitische Begründung der politischen Ordnung. Gefährlich ist er insoweit, als dass er droht, mit dem Totalitätsanspruch aufzutreten, den der freiheitliche, säkularisierte Staat hinter sich lassen wollte.

Die Treue, die der Staat dem Individuum nach Böckenförde noch abverlangen kann, darf daher nicht auf der übergeordneten Idee der Nation oder auf objektiven Werten beruhen, sondern muss sich auf die politische Ordnung selbst beziehen. Genauer: auf die Gesetze, die sich die Bürger*innen dieser Ordnung selbst gegeben haben. Einem sokratischen oder Isensee'schen Bürger-Ethos setzt Böckenförde derart ein «Ethos der Gesetzlichkeit»[21] entgegen: Was bleibt, sind demokratische Verfahren. Den demokratisch zustande gekommenen Gesetzen ist zu folgen, weil sie demokratisch zustande gekommen sind. Die Begründung des freiheitlich säkularisierten Staats ist somit selbstreflexiv. Aber ist sie deswegen auch defizitär?

Die Suche Böckenfördes nach einer homogenitätsstiftenden Kraft scheint diese Frage zu bejahen. Denn Böckenförde fehlt ebenjene «Substanz des Allgemeinen, die der Staat verkörpern soll».[22] Die sinnbildliche Darstellung dieser allgemeinen Substanz findet sich nicht nur in der politischen Theorie eines Thomas Hobbes, sondern ist allgegenwärtig. Politische Theorien sind auf der Suche nach etwas, was den Staat im Inneren zusammenhält – nach etwas, womit der Staat das gesamte Kollektiv verkörpern kann. Der Gedanke einer «Verkörperung» hängt damit noch dem Anspruch einer starken Einheit nach: der Einheit zwischen Staat und Religion beziehungsweise zwischen dem Autoritätsanspruch des Staats und einer ihn übersteigenden Begründung, aber auch die Einheit zwischen Staat und Gesellschaft.

Böckenförde nimmt in seiner Reflexion des freiheitlichen, säkularisierten Staats aber nicht die spezifische Herausforderung in den Blick, die sogleich das zentrale Potenzial der Demokratie ausmacht: die demokratische Revolution und die daraus resultierende Ent-Substanzialisierung der individualisierten bürgerlichen Gesellschaft. Die Demokratie schafft eine eigenständige politische Sphäre, in der die (Zivil-)Gesellschaft die Macht über sich selbst ausüben kann. Das Machtzentrum der Demokratie ist nicht besetzt mit einer greifbaren, im Staat verkörperten Letztbegründung, sondern ist – um eine Formulierung des französischen Philosophen Claude Leforts aufzugreifen – eine «Leerstelle».[23]

Für Lefort besteht das zentrale Paradox darin, «daß die Demokratie sich dadurch instituiert und erhält, daß sie die *Grundlagen aller Gewißheit auflöst*».[24] Die «radikale Unbestimmtheit»[25] im Zentrum der Demokratie – das Problem, dass nichts sie zusammenhält – ist für Lefort vor diesem Hintergrund kein Defizit. Obwohl er die Gefahr erkennt, dass die Leerstelle mit Totalitätsansprüchen besetzt werden kann, wie wir es auch derzeit an rechtsautoritären Tendenzen in der Gesellschaft sehen, hält er an dem Gedanken fest. Damit sich keine Totalitätsansprüche festsetzen können, muss die Demokratie *auf der Suche nach ihrer Einheit bleiben.* Was sie zusammenhält, ist, dass sie kein zusammenhaltendes Prinzip aufrichten darf. Während Böckenförde diese Leerstelle problematisiert, zelebriert Lefort sie regelrecht als Grundvoraussetzung jeder wahrhaft demokratischen Ordnung.

Anstelle der Einheit, die früher durch die Figur des Fürsten oder Monarchen repräsentiert wurde, steht nunmehr im Zentrum der Macht eine Zivilgesellschaft, die eine öffentliche Sphäre aufrechterhält. Demokratie baut somit auf einem Grund auf, den es nicht gibt, da sich dieser Grund immer wieder erneuern können muss – und gerade nicht mit dem Anspruch einer letztbegründeten Totalität festgelegt werden darf.

Zur Verfassung: Freiheit und Gleichheit. Am 6. Januar 2021 drangen Anhänger*innen des damaligen Präsidenten Donald Trump gewaltsam in das Kapitol in Washington, D. C., ein. Der Kongress war zusammengetreten, um das Ergebnis der Präsidentschaftswahlen förmlich zu bestätigen. Geblendet von Trumps falschen Behauptungen eines Wahlbetrugs und angeheizt durch seine aggressive Rhetorik waren seine Anhänger*innen nicht bereit, die demokratische Wahlentscheidung zu akzeptieren. Wegen des «Sturms» auf das Kapitol musste das Gebäude evakuiert und der Wahlbestätigungsprozess unterbrochen werden – es kam zu gewaltsamen Auseinandersetzungen mit Polizeikräften und erheblichen Sachschäden.

Einige Monate zuvor, im August 2020, fand in Berlin eine Großdemonstration gegen die Corona-Politik statt. Tausende Teilnehmende an der Demonstration verstießen gegen Corona-Auflagen. Im kollektiven Gedächtnis verbleibt aber vor allem das Bild der

Fahnen von rechtsextremistischen und autoritären Gruppierungen, die auf den Stufen vor dem Berliner Reichstag unter den Hunderten von Demonstrationsteilnehmer*innen geschwenkt wurden, die die Absperrungen gewaltsam überwunden hatten. Auf der die Demonstration begleitenden Kundgebung deklarierte Michael Ballweg, einer der Hauptorganisatoren der Demonstration und Gründer der Querdenken-Initiative: «Wir sind die verfassungsgebende Versammlung. Ich rufe alle Menschen bundesweit auf, nach Berlin zu kommen und gemeinsam mit uns an einer neuen Verfassung zu arbeiten».[26]

Der erste Fall zeigt uns, wie fragil demokratische Ordnungen sind und wie sehr sie von dem Vertrauen, der Mitwirkung und der Akzeptanz ihrer Bürger*innen abhängen. Ein Regierungs-Putsch durch Trump konnte zwar verhindert werden. Aber weder die Integrität noch die Akzeptanz der demokratischen Wahl scheint selbst in einer Demokratie mit einer jahrhundertealten Tradition selbstverständlich zu sein. Umso wichtiger erscheint es vor diesem Hintergrund, demokratische Verfahren zu sichern und sich der Grundpfeiler des demokratischen Zusammenlebens zu vergewissern.

Der zweite Fall verdeutlicht darüber hinaus die – sich zunehmend auch in Europa verwirklichende – Gefahr, dass Verfassungen für autoritäre Zwecke ausgenutzt werden.[27] Verfassungen sind häufig das Ergebnis von emanzipatorischen Bewegungen und revolutionären Momenten. Sie stehen für die Befreiung von einer alten und die Legitimation einer neuen Herrschaft. Sie sind dem Ideal nach ein Neuanfang, mit dem Demokratie und Menschenrechte auf Dauer gesichert werden sollen. Wenn autoritäre Bewegungen die Treppen des Reichstags erklimmen und Ballweg zu einer «verfassungsgebenden Versammlung» auffordert, dann nimmt er auf die emanzipatorische und legitimatorische Wirkung von Verfassungen zwar Bezug. Er versucht damit aber zugleich,

Änderungen und Revisionen der Verfassung anzustoßen, die dem Anliegen einer Verfassung, die diesen Namen verdient, widersprechen. Damit nun aber solche Bezugnahmen als Widerspruch zur – und nicht als Interpretationen der – Verfassung erkannt werden können, bedarf es eines Maßstabs, mit dem diese Bezugnahmen eingeordnet werden können. Es ist meine Überzeugung, dass dieser Maßstab die Anerkennung aller Menschen als Freie und Gleiche ist. Daher will ich nunmehr begründen, warum eben doch nicht alles der Interpretation offenstehen kann.

Um mein Argument zu verdeutlichen und herauszuarbeiten, gehe ich in zwei groben Schritten vor: Der erste Schritt zielt darauf ab, Freiheit und Gleichheit als gegenseitige Anerkennung eines «Rechts auf Rechte» zu begründen. Damit wird ein inklusives Demokratieverständnis formuliert. Menschenrechte und liberale Freiheiten sind keine natürlichen Gegebenheiten, sondern setzen eine politische Gemeinschaft von Freien und Gleichen voraus, die sich diese Rechte und Freiheiten gegenseitig gewähren. Der zweite Schritt richtet sich auf die radikale Gleichheit aller Menschen in ihrer Verletzlichkeit. Daraus ergibt sich eine ebenso radikale Verantwortung, die alle Menschen einander gegenüber tragen.

Fundamentlosigkeit vs. universelle Menschenrechte

Gegen den absoluten Gesetzesgehorsam habe ich soeben damit argumentiert, dass es in der Demokratie keine Letztbegründungen, keine absoluten Wahrheiten und keine unantastbaren Prinzipien geben darf. Demokratie zeichnet sich dadurch aus, dass die Verhältnisse in Bewegung und die Gesetze nicht in Stein gemeißelt sind. Diese Fundamentlosigkeit ist ein Kernelement von radikalen Demokratietheorien, auf die ich in Kapitel 3 noch einmal genauer zu sprechen kommen werde. Eine Vertreterin dieses Ansatzes ist die politische Theoretikerin Chantal Mouffe. Die gemeinsame Grundlage, die der Gedanke der Fundamentlosigkeit ihr zufolge zulässt, ist ein «konfliktualer Konsens». Das heißt: ein «Konsens über die ethisch-politischen Werte der Freiheit und Gleichheit, [ein] Dissens aber über die Interpretation dieser Werte».[28]

Mouffe geht davon aus, dass liberale Demokratietheorien versuchen, den demokratischen Rechtsstaat als das Modell zu präsentieren, für das sich «jeder vernünftige Mensch unter idealtypischen Bedingungen entscheiden würde».[29] Stattdessen versucht sie demokratische Institutionen von dieser normativ aufgeladenen Last einer objektiven Vernunft zu befreien. Für sie basiert die «normative Dimension» demokratischer Institutionen auf «vom Kontext abhängige[n] Verfahrensweisen, sie ist aber kein Ausdruck einer universellen Moral».[30] Ich führe Mouffe an dieser Stelle exemplarisch für eine Haltung ein, die nur von der Fundamentlosigkeit aus denkt und keinen *universalistischen* Begründungsansatz zulassen will.

Der Universalismus und das radikaldemokratische Konzept der Fundamentlosigkeit der demokratischen Ordnung stehen in vielerlei Hinsicht also im Widerspruch zueinander. Der Begriff des Universalismus bezeichnet Prinzipien, Werte oder Wahrheiten, die für alle Menschen durch alle Zeiten hinweg gelten, und zwar unabhängig von ihren kulturellen, sozialen oder individuellen Unterschieden. Im Gegensatz dazu stellt das radikaldemokratische Konzept der Fundamentlosigkeit demokratischer Ordnungen die Idee infrage, dass es feste oder universelle Grundlagen für demokratische Prinzipien gibt. Stattdessen wird argumentiert, dass Demokratie einen kontinuierlichen Prozess beschreibt, der durch den ständigen Konflikt und den politischen Streit zwischen den Mitgliedern einer Gesellschaft geprägt ist. Das bedeutet, dass demokratische Werte und Prinzipien nicht als absolut oder universell angesehen werden können, sondern ständig neu definiert und interpretiert werden müssen.

Wie wohl bereits deutlich geworden ist, bin auch ich der Meinung, dass die Verfassung ein Dokument ist, das der Interpretation bedarf, und dass diese Interpretation die Möglichkeit zu Neuerungen und Revisionen, also zu auch grundlegenderen und weitläufigeren Veränderungen eröffnet. Und auch ich sehe die Gefahr, dass unter dem Deckmantel des Universalismus Prinzipien eingeführt werden, die Objektivität und Wahrheit für sich beanspruchen, obwohl sie eigentlich nur eine herrschende Ansicht repräsentieren. Deswegen sind radikaldemokratische Ansätze attraktiv. Wie wir in Kapitel 3 sehen werden, helfen sie uns, solche untergeschobenen und «falschen» Universalismen aufzudecken.

Ich stimme aber nicht damit überein, dass Freiheit und Gleichheit ebenfalls interpretationsoffen sind. Vielmehr bin ich der Auffassung, dass wir einen Mindestmaßstab festlegen müssen, damit der politische Konflikt über die Auslegung von Werten und Verfassungsinhalten überhaupt sinnvoll stattfinden kann. Radikaldemokratische Theorieansätze wie derjenige Mouffes scheinen der Auffassung zu sein, dass es einen Raum des Politischen gibt, in dem der Konflikt ausgetragen werden kann, und dass dieser Raum außerhalb der Verfassung liegt. Meiner Ansicht nach lässt sich dieser Raum aber nicht außerhalb der Verfassung verorten, sondern sollte vielmehr als ein Konflikt über die richtige Interpretation der Verfassung gedeutet werden. Damit es diesen Raum geben kann, diese politische Arena, in der immer alles anders sein kann, muss er abgesteckt werden durch eine Bedingung: Dass alle in dieser Arena gleich sind und die gleichen Rechte zugesprochen bekommen. Den Rahmen dieser Arena steckt die Verfassung durch den Schutz von Freiheit und Gleichheit ab. Die Verfassung ist die Ordnung, die ein «Recht auf Rechte» manifestiert.

Recht auf Rechte

Ein solches «Recht auf Rechte» hat die politische Theoretikerin Hannah Arendt ausbuchstabiert. Ausgangspunkt ihrer Überlegung ist ein naturrechtliches, universalistisches Menschenrechtskonzept. Moderne Menschenrechtserklärungen wie die Erklärung der Menschen- und Bürgerrechte von 1789 und die Allgemeine Erklärung der Menschenrechte von 1948 knüpfen an das bloße Menschsein an und leiten daraus universelle und unveräußerliche Rechte ab. Arendt argumentiert jedoch, dass Rechte leer sind, wenn sie nicht auch durchgesetzt werden können. Die Durchsetzung der Menschenrechte kann nicht allein auf das Menschsein zurückgeführt werden. Sie erfordert laut Arendt einen Staat als politische Gemeinschaft, der Rechte gewährt. Menschenrechte setzen also voraus, dass Menschen Mitglieder in Gemeinschaften sind, die ihre Rechte anerkennen und schützen. Dass Menschenrechte universell gelten und trotzdem eine Gemeinschaft brauchen, die diese Rechte gewähren, ist die «Aporie der Menschenrechte»: Es ist ein Widerspruch, den wir nicht auflösen können.[31]

Diese Aporie der Menschenrechte fiel laut Arendt im 18. und 19. Jahrhundert, als sich die Idee unveräußerlicher Menschenrechte etablierte, noch nicht auf. Sie tritt erst im 20. Jahrhundert klar vor Augen, nämlich in einer Situation massenhafter Staatenlosigkeit als Folge totalitärer Herrschaft. Ohne Staatsbürgerschaft sind Menschen laut Arendt auf die «abstrakte Nacktheit ihres Nichts-als-Mensch-Seins» und in eine «Art von Naturzustand»[32] zurückgeworfen. Als Staatenlose werden Menschen heimatlos, und trotz der Menschenrechtserklärungen sind sie de facto rechtlos, da sie nicht von der territorial begrenzten Durchsetzungsgewalt des Nationalstaats profitieren können. Arendt bezieht sich auf den Schriftsteller und Staatstheoretiker Edmund Burke und dessen Auffassung, dass es klüger sei, «seine Rechte als ‹Rechte des Engländers› zu beanspruchen denn als unabdingbare Menschenrechte».[33] Denn nur als Bürger*innen, nur als Mitglieder in einer Gemeinschaft von Freien und Gleichen, könnten Menschen frei und gleich sein. Wer «nur» als Mensch, das heißt als Staatenloser oder Vertriebener, in der Welt existiert, ist von der «Mildtätigkeit» anderer abhängig und kann sich nicht effektiv auf ein Recht berufen.[34]

Arendt stellt diesem Zustand ein «*Recht, Rechte zu haben*», entgegen:[35] einen Anspruch darauf, Mitglied einer politischen Gemeinschaft zu sein. Dieses Recht unterscheidet sich von den «Rechten», die einen Katalog von Garantien umfassen, welche nur durch eine politische Gemeinschaft, also nur durch andere Menschen gewährt werden können und auf Vereinbarung basieren. Das Recht auf Mitgliedschaft – Arendt denkt es als ein Recht auf Staatsbürgerschaft – geht diesen Rechten der Staatsbürger*innen voraus und ist ihr zufolge das einzige wirklich universelle Menschenrecht, das von der Staatengemeinschaft garantiert werden muss.

Folgen wir Arendts Ansatz, dann wird deutlich, dass Freiheit und Gleichheit (im Sinne eines Rechts auf Rechte) eine Verfassung und eine Verfassungsgemeinschaft erfordern, die Rechte gewähren und schützen können. Auch wenn wir de facto nicht allen Menschen diese Rechte gewähren, sollte das der Anspruch sein, auf den wir hinarbeiten. Meines Erachtens ist dieses Verständnis daher der zentrale Auftrag jeder demokratisch-rechtsstaatlichen Verfassung.

Für meine Konzeption zivilen Ungehorsams bedeutet das: Aktionen des Ungehorsams, deren Anliegen dem Recht auf Rechte widersprechen, sind meinem Verständnis nach nicht zivil, das heißt mit Demokratie und Rechtsstaat nicht vereinbar. Darin besteht die eine wichtige Lektion, die das Recht auf Rechte für den zivilen Ungehorsam bereithält. Die zweite entspringt der gegenseitigen Verantwortung, durch welche die Mitglieder einer Gemeinschaft von Freien und Gleichen aufeinander bezogen sind. Diese Verantwortung konkretisiert sich in der Beschränkung des zivilen Ungehorsams auf gewaltlose Mittel.

Die «Gewalt» der Verletzlichkeit?

Das Bild auf dem Cover dieses Buches entstand am 9. Juli 2016 in Baton Rouge, Louisiana. Abgebildet ist Ieshia Evans, eine Krankenschwester aus Pennsylvania. Sie steht aufrecht mit einem leichten Sommerkleid bekleidet allein vor einer Wand von Polizeikräften in voller Montur. Zwei dieser bedrohlich ausgerüsteten Polizisten nähern sich ihr und werden sie gleich festnehmen. Und trotzdem sieht es so aus, als würden sie ihr ausweichen. Sie scheint eine Kraft auszustrahlen, die die Polizeikräfte, die verkörperte Staatsgewalt, zurückschrecken lässt. Das ist die Kraft der Gewaltlosigkeit. Sie besteht darin, *die eigene Verletzlichkeit als Protestmittel einzusetzen.*

Um sie zu verstehen und rechtlich einzuordnen, möchte ich in zwei Schritten vorgehen. Im ersten Schritt will ich zeigen, dass derzeit genau dieser Einsatz der eigenen Verletzlichkeit in der deutschen Rechtsprechung als Gewalt interpretiert wird. Im zweiten Schritt werde ich dagegen argumentieren, warum diese rechtliche Einordnung unangemessen ist. Denn sie übersieht, dass der Einsatz der eigenen Verletzlichkeit als Protestmittel die radikale Gleichheit aller Menschen anspricht. Zugleich steht uns mit diesem Verständnis der Gewaltlosigkeit ein weiteres Kriterium für die «Zivilität» zivilen Ungehorsams zur Verfügung.

Der Gewaltbegriff in der deutschen Rechtsprechung. Zu Beginn des Kapitels habe ich die Laepple-Entscheidung des Bundesgerichtshofs zitiert. In dieser Entscheidung hat das Gericht nicht nur vertreten, dass eine Sitzblockade zu erlauben auf die «Legalisierung eines von militanten Minderheiten ausgeübten Terrors» hinausliefe. Mit dieser Rechtsprechung führte das Gericht auch den sogenannten «psychischen» beziehungsweise «vergeistigen» Gewaltbegriff ein.

Der zugrundeliegende Fall war relativ harmlos. Im Oktober 1966 protestierten Studierende in der Kölner Innenstadt gegen eine Preiserhöhung der Kölner Verkehrsbetriebe, indem sie sich auf die Straßenbahngleise setzten, um die Bahnen an der Weiterfahrt zu hindern. Der Bundesgerichtshof bewertete diese Sitzblockade unter anderem als Nötigung (§ 240 Strafgesetzbuch). Danach wird bestraft, wer einen Menschen rechtswidrig mit Gewalt oder durch Drohung zu einer Handlung, Duldung oder Unterlassung nötigt. Eine Frage, die in der Rechtsprechung und Rechtswissenschaft bis heute diskutiert wird, lautet, ob das bloße Sitzen als Gewalt angesehen werden kann. Der Bundesgerichtshof antwortete damals darauf wie folgt: Durch das Sitzen auf den Gleisen übten die Protestierenden eine Gewalthandlung gegenüber dem Straßenbahnfahrer aus und zwangen ihn dadurch, anzuhalten. Für die Anwendung von Gewalt sei es ausreichend, wenn auch mit geringem körperlichem Kraftaufwand ein psychischer Prozess ausgelöst werde. Es kam dem Gericht darauf an, dass die Studierenden auf die Entscheidung des Straßenbahnfahrers zur Weiterfahrt psychisch eingewirkt hatten und nicht auf die körperliche Kraftentfaltung.

Um zu verstehen, wie der Bundesgerichtshof zu dieser Einschätzung kommt, müssen wir uns den genauen Abschnitt dazu im Urteil ansehen. Dazu heißt es:

> Dieser Bewertung [Sitzen als psychische Gewalt, S. A.] steht nicht entgegen, daß die Studenten die Straßenbahn nicht durch unmittelbaren Einsatz körperlicher Kräfte aufhielten, sondern nur mit geringem körperlichen Kraftaufwand einen *psychisch* determinierten Prozeß in Lauf setzen. Entscheidend ist hierbei, welches *Gewicht* der von ihnen ausgeübten psychischen Einwirkung zukam. [...] Stellt sich ein *Mensch* der Bahn auf den Schienen entgegen, so liegt darin die Ausübung eines Zwanges, der für den Fahrer sogar *unwiderstehlich* [Hervorhebung. S. A.] ist, denn er *muß* halten, weil er sonst einen Totschlag beginge.[36]

Das Gericht stellt zunächst fest, dass keine körperliche Gewaltanwendung vorliegt, sondern dass der Fokus auf den rein psychischen Auswirkungen auf den betroffenen Straßenbahnfahrer liegt. Die Argumentation des Gerichts konzentriert sich dann darauf, zu begründen, worin die Zwangsausübung liegt, wenn sie nicht auf körperliche Weise stattfindet. Unklar bleibt, ob sich diese Argumentation auf einer moralisch- oder juristisch-gesetzlichen Ebene vollzieht. Wahrscheinlich jedoch auf beiden: Ich darf einerseits keinen Menschen überfahren, weil ich sonst einen Totschlag beginge (§ 212 Strafgesetzbuch), aber andererseits auch deswegen nicht, weil ich ein zwingendes («unwiderstehliches») moralisches Gebot übertreten würde. Was das Gericht hier nicht nur als gewaltlose, beispielsweise rein verbale, Nötigung versteht, sondern als *Gewaltausübung*, bedeutet mit anderen Worten: die eigene Verletzlichkeit als (Zwangs-)Mittel zu benutzen.

Lesen wir diese Stelle im Urteil zusammen mit der zu Beginn des Kapitels zitierten Passage, der zufolge die Blockade einem geradezu terroristischen Akt gleichkommt, der mit Demokratie und Rechtsstaat unvereinbar ist, dann wird deutlich: Es geht nicht nur um die unmittelbaren Folgen des Blockierens, also darum, dass ein Straßenbahnfahrer nicht mehr weiterfahren kann. Vielmehr will die Entscheidung verhindern, dass sich die Protestform der Sitzblockade – also der Einsatz der eigenen Verletzlichkeit – als ein gerechtfertigtes Mittel der politischen Kommunikation etabliert. Um zu diesem Schluss zu gelangen, muss der Bundesgerichtshof bereits den Begriff der Gewalt so definieren, dass unter diesen Begriff das In-Stellung-Bringen des eigenen Körpers fällt. Mit anderen Worten: Wer versucht, öffentliche Aufmerksamkeit durch das In-Stellung-Bringen des eigenen Körpers zu erzwingen, begeht Gewalt. Das Gericht prägt mit seiner Entscheidung hinsichtlich der Frage, was Gewalt ist, also maßgeblich mit, wie Kommunikation im demokratischen Rechtsstaat zu verstehen ist. Sobald eine Handlung als Gewalt bezeichnet wird, zieht das Gericht folgerichtig den Schluss: Öffentliche Aufmerksamkeit mit Gewalt zu erzwingen, ist nicht gerechtfertigt. Es ist jedoch das Vorverständnis («Die eigene Verletzlichkeit als Mittel politischer Kommunikation einzusetzen, ist Gewalt»), das diese Aussage («Gewalt ist kein angemessenes Mittel politischer Kommunikation») verzerrt.

Dieser «vergeistigte» Gewaltbegriff führte zu Kontroversen nicht nur in der Strafrechtswissenschaft, sondern auch am Bundesverfassungsgericht. Es entschied bei zwei Gelegenheiten über Verfassungsbeschwerden gegen Verurteilungen wegen Nötigung nach Sitzblockaden. Beim ersten Mal 1986 erging eine Patt-Entscheidung mit 4:4 Stimmen; in einer solchen Situation wird eine Verfassungsbeschwerde zurückgewiesen, weil ein Verstoß gegen das Grundgesetz bei Stimmengleichheit nicht festgestellt werden kann.[37] Bei der zweiten Entscheidung zum vergeistigten Gewaltbegriff im Jahr 1995 hatte sich die personelle Zusammensetzung im zuständigen Senat jedoch verändert. Dieses Mal entschied das Bundesverfassungsgericht mit 5:3 Stimmen, dass ein vergeistigter Gewaltbegriff nicht mit dem Bestimmtheitsgebot vereinbar ist (Artikel 103 Absatz 2 Grundgesetz). Strafgesetze müssen danach eindeutig definiert sein. Die Interpretation des Gewaltbegriffs, der auch «vergeistigte» Gewalt umfasst, war nach dem Bundesverfassungsgericht in dieser zweiten Entscheidung zu unklar, weil ein rein geistig vermittelter Zwang nicht mit dem allgemeinen Sprachgebrauch übereinstimme. Der Umfang des erlaubten Verhaltens sei daher nicht mehr für alle aus dem Gesetz erkennbar. Eine «analoge» Anwendung des Gewaltbegriffs auf vergeistige Gewalt ist nach dem Grundgesetz ausgeschlossen.[38]

Kurz nach der zweiten Bundesverfassungsgerichtsentscheidung hatte der Bundesgerichtshof (ebenfalls im Jahr 1995) wieder über die Sitzblockade zu entscheiden und zog eine neue Konstruktion aus dem Hut: die sogenannte Zweite-Reihe-Rechtsprechung, mit der der Bundesgerichtshof auf anderen Wegen wieder zu ähnlichen Ergebnissen kam wie im Ausgangsfall von 1969. Der Gerichtshof urteilte, dass eine Sitzblockade, die nur eine Reihe von Fahrzeugen aufhält, noch nicht als Gewalt angesehen wird. Ab der zweiten Reihe jedoch bilden die Fahrzeuge der ersten Reihe ein körperliches Hindernis, das den Sitzenden zugerechnet werden kann. Sie nutzen die erste Reihe von Fahrzeugen als körperliche Werkzeuge, um die zweite Reihe von Fahrzeugen an der Weiterfahrt zu hindern. Diese Wirkung entspricht laut dem Gericht wieder (körperlicher) Gewalt.[39]

Ich gebe den Verlauf dieser Debatte hier nur verkürzt wieder. Sie verdeutlicht aber etwas, das für die weiteren Überlegungen entscheidend sein wird: Das Recht ist nicht in Stein gemeißelt. Nicht nur die Gesetze können sich verändern, sondern auch ihre Interpretation. Und wie sie sich verändert, hängt wiederum davon ab, wer darüber entscheidet. Aus juristischer Sicht mag die Argumentation stringent sein: Die «Zweite-Reihe-Rechtsprechung» wurde 2011 auch vom Bundesverfassungsgericht bestätigt.[40] Mit dem interpretatorischen Handstand-Überschlag der «Zweiten-Reihe-Rechtsprechung» kommt der Bundesgerichtshof aber letztlich zum gleichen Ergebnis wie zuvor: Aus Protest auf der Straße zu sitzen, ist Gewalt.

Die Macht der Gewaltlosigkeit. An dieser Stelle möchte ich auf einen Gedanken von Thomas Hobbes zurückkommen, der in der Auseinandersetzung mit dem Ordnungsargument beiläufig Erwähnung fand. Auch Hobbes begründet eine radikale Gleichheit von Menschen. Für ihn basiert sie allerdings darauf, dass jeder Mensch einen anderen töten kann. Selbst der Schwächste kann noch die stärkste Person durch List oder im Zusammenspiel mit anderen überwältigen. Für Hobbes folgt daraus ein negatives Menschenbild und ein Recht auf alles, das Menschen aber vernünftigerweise an einen Herrscher, an den Leviathan abtreten. Jeder Mensch kämpft im Naturzustand nach Hobbes als eigener Souverän gegen den anderen, bis er seine Souveränität an einen Herrscher abtritt und ihn somit in einen souveränen Staat verwandelt. Die Philosophin Judith Butler kritisiert Hobbes' Gedankengang und dreht ihn geradezu um. Radikal gleich sind wir Butler demzufolge nicht, weil wir die Fähigkeit haben, einander umzubringen. Gleich sind wir vielmehr darin, dass wir alle gleichermaßen getötet werden können: Gleich sind wir in unserer Verletzlichkeit.

So herum formuliert, folgt aus dem Gedanken keine Souveränität, sondern eine gegenseitige Abhängigkeit sowie eine gegenseitige Verantwortung. Das Angesicht der anderen und deren Verletzlichkeit spricht uns in unserer eigenen Verletzlichkeit und damit auch Menschlichkeit an. Es ist demnach dieses Verhältnis, dieses ‹Zwischen›, das Menschen erst als Subjekte konstituiert – und nicht die individuelle Souveränität wie noch bei Hobbes. Aus der Verantwortung, die sich aus dieser Verletzlichkeit ergibt, schließt Butler, dass Gewalt niemals ethisch gerechtfertigt werden kann.[41] Das bedeutet aber noch lange nicht, dass damit auch Protestmittel mitgemeint sind, die die Gerichte als Gewalt definieren. Mit Butlers Ansatz können wir verstehen, warum der juristische Gewaltbegriff gerade die Kraft der Gewaltlosigkeit zu delegitimieren versucht.

Anstatt Gewaltlosigkeit als eine völlig aggressionsfreie Praxis anzusehen, plädiert Butler dafür, Gewaltlosigkeit in ihrer Aggressivität zu verstehen. Gewaltlosigkeit bedeutet nicht, Gewalt zu leugnen, zu verdrängen oder zu verhindern. Butler beschreibt die Integration von Gewaltlosigkeit in den Kontext der Gewalt als «Umlenkung von Aggression zum Zweck der Verteidigung der Ideale von Gleichheit und Freiheit».[42] Für Butler eröffnet der Einsatz der eigenen Verletzlichkeit die Möglichkeit, politisch zu intervenieren, ohne exkludierend zu wirken. Die eigene Verletzlichkeit in Versammlungen, Protesten und Aktionen des zivilen Ungehorsams – im öffentlichen Raum – zu positionieren, ist das, was die Praxis der Gewaltlosigkeit ausmacht.

Verletzlichkeit besitzt dabei zwei Bedeutungsebenen. Zum einen begeben sich Ungehorsame in eine konkrete Gefährdungssituation (*precarity*). Sie setzen sich der Gewalt aus. Indem sie ihre eigene Verletzlichkeit derart exponieren – man denke an die Parole der *Black-Lives-Matter*-Bewegung: «Please don't shoot» –, verweisen sie aber zugleich auf eine Grundbedingung des menschlichen Daseins. Das ist die Verletzlichkeit aller Menschen (*precariousness*) und die daraus folgende Interdependenz.[43] Butler bietet damit meines Erachtens eine Argumentationsstruktur dafür an, wie Menschenwürde im juristischen Diskurs alternativ verhandelt werden könnte.[44]

Butlers Kritik der Gewalt richtet sich nicht nur gegen staatliche oder polizeiliche Gewalt, sondern auch gegen aktivistische Formen von Gegengewalt. Gemeint ist der strategische Einsatz von Gewalt als Reaktion auf Gewalt durch staatliche und nichtstaatliche Akteure. Dieser Einsatz wird teilweise als Selbstverteidigung gerechtfertigt. Wer von Selbstverteidigung spricht, muss sich Butler zufolge jedoch fragen, wer dieses Selbst ist, das verteidigt werden soll. Butler argumentiert, dass ein Recht auf Selbstverteidigung die prinzipielle Gleichheit aller Menschen relativiert und somit gegen das ethische Prinzip der Gewaltlosigkeit verstößt.[45] Die Praxis der Gewaltlosigkeit basiert auf der Verletzlichkeit und setzt sich der Gewalt aus, indem sie die eigene Verletzlichkeit mutig einsetzt.

Deswegen ist es auch etwas anderes, sich auf die Straße zu setzen oder festzukleben – oder mit einem Traktor die Straße zu blockieren. Während in dem einen Fall eine von außen herangetragene Gewalt umgewandelt und zum Mittel eines ausdrucksstarken Protestes gemacht wird, wie wir ihn auf dem Cover dieses Buchs sehen können, funktionieren die Bauernproteste anders. Sie setzen gerade nicht die eigene Verletzlichkeit ein, sondern ein Kraftfahrzeug, das noch mächtiger, noch größer und noch schwerer, noch raumeinnehmender und lauter ist als die Kraftfahrzeuge, die es blockiert.

Was bedeutet das für unser Verständnis zivilen Ungehorsams? Den zivilen Ungehorsam als Verfassungsinterpretation zu verstehen, setzt nicht nur einen Maßstab hinsichtlich der Ziele fest, die mit dem Ungehorsam verfolgt werden, sondern auch für die Mittel. Protestmittel, die nicht die eigene Verletzlichkeit einsetzen, sondern darauf gerichtet sind, andere in deren Verletzlichkeit anzugreifen oder diese für die eigenen Zwecke auszunutzen, sind daher nicht mehr zivil. Die Gewaltlosigkeit als Anerkennung radikaler Gleichheit ist damit das zweite Erfordernis, um den Ungehorsam als einen «zivilen» einordnen zu können.

2
Verfassung verteidigen

Die Klimabewegung hat einem Artikel des Grundgesetzes zur Berühmtheit verholfen, der bis vor Kurzem noch wenig öffentliches Interesse genoss: «Art. 20a GG = Leben schützen». Diese Parole auf den Bannern der *Letzten Generation* ist eine Verfassungsinterpretation. Im Rahmen ihrer Sitzblockaden haben die Aktivist*innen diese Interpretation konkretisiert. Dem Wortlaut von Artikel 20a Grundgesetz nach «schützt [der Staat] auch in Verantwortung für die künftigen Generationen die natürlichen Lebensgrundlagen und die Tiere im Rahmen der verfassungsmäßigen Ordnung». Für die Aktivist*innen bedeutet dies: das 1,5-Grad-Ziel des Pariser Klimaschutzabkommens von 2016 einzuhalten, zu diesem Zweck aus den fossilen Brennstoffen auszusteigen und insgesamt eine radikale Wende in der Klimapolitik vorzunehmen.

Bezugnahmen auf Recht, Rechte und Verfassung haben bei Aktionen zivilen Ungehorsams eine lange Tradition. Manchmal, so wie im Fall von Artikel 20a Grundgesetz, lassen sie sich an einem konkreten Gesetzestext in einer bestimmten Verfassung festmachen. Dann erfolgt die Interpretation ausdrücklich und bezieht sich auf konkrete Handlungsanweisungen, die aus der Gesetzesnorm abgeleitet werden. Häufig erfolgt die Bezugnahme auf die Verfassung aber weniger konkret. Aktivist*innen sprechen von einem Gebot der Menschenwürde oder verweisen ganz allgemein auf die Bürgerrechte, wie beispielsweise die amerikanische Bürgerrechtsbewegung. Warum bedarf es dieser Referenzen auf die Verfassung? Schließlich könnten sich die Aktivist*innen ja auch ohne Artikel 20a Grundgesetz für den Klimaschutz einsetzen.

Wie wir im Folgenden sehen werden, richten sich Formen des zivilen Ungehorsams, die ich als *rechtsstaatliche* bezeichne, darauf, ihre Anliegen in den Verfassungsstaat und in die Verfassungsgemeinschaft zu *integrieren*. Rechtsstaatlich motivierter Ungehorsam versteht den Protest – so meine These – als einen Beitrag zu einer «offenen Gesellschaft der Verfassungsinterpreten».[1]

Dabei werfen Aktionen rechtsstaatlichen Ungehorsams auch die Frage auf, welche politischen Handlungsformen von der Verfassung vorgesehen sind und welche nicht; wann sich eine Aktion zivilen Ungehorsams also tatsächlich als ein Beitrag in ebenjener Gesellschaft der Verfassungsinterpret*innen deuten und als eine legitime Stellungnahme im demokratischen Rechtsstaat verstehen lässt.

Die Gerichte lehnen den Begriff zivilen Ungehorsam als rechtlichen Begriff zwar ab. In seiner ersten Entscheidung zur Sitzblockade setzte sich das Bundesverfassungsgericht kurz mit der Begrifflichkeit und den verschiedenen Einordnungen des Begriffs auseinander. Es kam aber letztendlich zu dem Schluss:

> daß zum Wesen des zivilen Ungehorsams […] die Bereitschaft zu symbolischen Regelverletzungen gehört, daß er also per definitionem Illegalität mit dem Risiko entsprechender Sanktionen einschließt als Mittel, auf den öffentlichen Willensbildungsprozeß einzuwirken. Angesichts dieser Zielrichtung erschiene es widersinnig, den Gesichtspunkt des zivilen Ungehorsams als Rechtfertigungsgrund für Gesetzesverletzungen geltend zu machen.[2]

Ich möchte hingegen zeigen, dass die Erwägungen der Gerichte im Ergebnis den rechtsstaatlichen Konzeptionen des zivilen Ungehorsams sehr nahekommen. Oder in anderen Worten: Im Wesentlichen entsprechen die moralphilosophischen und politiktheoretischen Legitimationen des zivilen Ungehorsams den Rechtfertigungserwägungen des Strafrechts. Das ist entgegen der Auffassung des

Bundesverfassungsgerichts auch nicht «widersinnig». Was auf den ersten Blick als Rechtsbruch erscheint, zielt in den rechtsstaatlichen Konzeptionen darauf ab, in die Verfassungsordnung aufgenommen – also beispielsweise als gerechtfertigtes Verhalten anerkannt – zu werden.

Zum Einstieg werde ich daher anhand einiger Beispiele aus der Rechtsprechung aufzeigen, wie die Gerichte im Rahmen ihrer Entscheidungen mit zivilem Ungehorsam umgehen. Nicht nur die verfassungsrechtliche, auch die strafrechtliche Bewertung von Aktionen zivilen Ungehorsams spielt dabei eine entscheidende Rolle. Denn was von den Strafgerichten als Unrecht angesehen und damit auch als Protestmittel delegitimiert wird, kann sich nur noch schwer als Interpretationsbeitrag behaupten und in den Rechtsstaat integriert werden.

Von Ställen und Straßen

Im Februar 2018 erregte ein Urteil des Oberlandesgerichts Naumburg Aufmerksamkeit.[3] Das Gericht hatte in dritter und damit letzter Instanz über den Fall von Tierschutzaktivist*innen zu entscheiden, die in einen Mastbetrieb eingebrochen waren, um die dortigen Verstöße gegen Tierschutzgesetze zu dokumentieren und an Behörden weiterzuleiten. Obwohl sie damit den Straftatbestand des Hausfriedensbruchs (§ 123 Strafgesetzbuch) erfüllten, sprach das Gericht sie frei. Es entschied, dass ein *rechtfertigender Notstand* vorlag. Dabei handelt es sich um einen Rechtfertigungsgrund, der im Strafgesetzbuch geregelt ist. Liegt ein rechtfertigender Notstand vor, dann ist ein eigentlich strafbares Verhalten nicht mehr strafbar. Das Oberlandesgericht argumentierte wie folgt: Der Mastbetrieb, in den die Aktivist*innen eingebrochen waren, verstieß gegen Tierschutzgesetze. Diesen Rechtsbruch hatten die Aktivist*innen zunächst versucht, auf legalen Wegen zu verhindern, indem sie die zuständige Behörde informierten. Diese reagierte jedoch nicht. Erst als die legalen Mittel ausgeschöpft waren, brachen sie in den Betrieb ein, um Beweismaterial zu sammeln und an die nächsthöhere Behörde zu schicken. Ihr Verhalten war dem Gericht zufolge daher verhältnismäßig. Der Rechtsbruch diente in erster Linie der Durchsetzung des Rechts, nämlich der Tierschutzgesetze. Die Aktivist*innen arbeiteten mit den Behörden zusammen und schöpften alle legalen Wege aus; sie standen öffentlich für ihre Tat ein und wichen somit auch nicht der Strafverfolgung aus.

Das sah in einem grundsätzlich ähnlich gelagerten Fall in Baden-Württemberg anders aus. Auch hier erfüllten die Aktivist*innen den Tatbestand des Hausfriedensbruchs. Diesmal hatten sie jedoch keine Vorkenntnisse über die Verhältnisse vor Ort. Ihnen ging es nicht primär darum, Beweismaterial für einen Rechtsbruch zu liefern und in dem Mastbetrieb die Einhaltung konkreter Tierschutzgesetz durchzusetzen. Vielmehr wollten sie durch ihre Aufnahmen auf die Verhältnisse in Mastbetrieben aufmerksam machen und somit ein politisches Signal gegen Massentierhaltung setzen. Das Gericht urteilte, dass dieser politische Wille keinen rechtfertigenden Notstand begründe und es in diesem Fall gerade nicht um die Behebung eines rechtswidrigen Zustands gegangen sei. Die Verhältnisse in Mastbetrieben seien kein Geheimnis und der Öffentlichkeit bekannt. Anders als im sachsen-anhaltischen Fall waren die Aktivist*innen bei der Tat entdeckt worden und stellten sich gerade nicht freiwillig den Behörden. Ein solches Verhalten als zivilen Ungehorsam zu legalisieren, käme dem Landgericht Heilbronn zufolge einer «Selbstaufgabe der Demokratie und des Rechtsfriedens»[4] gleich.

Nach Ansicht des Landgerichts Heilbronn reichte anders als im Fall in Sachsen-Anhalt die Gefahr für ein Rechtsgut, konkret für das Tierwohl, nicht aus, um einen Rechtsbruch zu rechtfertigen. Aber auch die Tatsache, dass sich die Aktivist*innen den Behörden nicht freiwillig stellten, dass sie im Geheimen und nicht öffentlich handelten, veranlasste das Landgericht zu der oben zitierten deutlichen Abwehrreaktion. Zwei sich oberflächlich gleichende Fälle können also bei genauerer Betrachtung sehr unterschiedliche juristische Konsequenzen nach sich ziehen.

Ähnlich eng zieht die Rechtsprechung die Grenze zwischen legal und illegal in der Bewertung von Sitzblockaden. Sie werden nach wie vor als Nötigung durch Gewalt strafrechtlich verfolgt (§ 240 Strafgesetzbuch).[5] Aber auch hier prüfen die Gerichte, ob die Sitzblockaden, obwohl sie eigentlich den Tatbestand der Nötigung erfüllen, nicht vielleicht doch gerechtfertigt sind. Diese Frage hängt unter anderem davon ab, ob man die Sitzblockade als eine rechtmäßige Ausübung der Versammlungsfreiheit betrachtet und ob diese im Einzelfall die Rechte der Kraftfahrzeugfahrer*innen überwiegt, die zum Halten gezwungen werden. Das Bundesverfassungsgericht führte dafür 2001[6] eine Unterscheidung ein: Dient die Sitzblockade der Kommunikation eines Anliegens und entfaltet insofern nur *symbolische* Wirkung, dann fällt sie unter den Begriff der Versammlung nach Artikel 8 Grundgesetz. Ob der Schutz der Versammlung überwiegt, richtet sich nach der Dauer und Intensität der Beeinträchtigungen, die sie auslöst – also zum Beispiel danach, wie lange der durch die Sitzblockade ausgelöste Stau andauert und wie viele Menschen davon betroffen sind. Überwiegt nach einer Abwägung die Versammlungsfreiheit, dann wäre auch die Nötigung gerechtfertigt und das Verhalten der Aktivist*innen nicht strafbar.

Anders ist dem Verfassungsgericht zufolge der Fall zu bewerten, in dem Personen durch die Blockade unmittelbar ihr Ziel durchsetzen wollen. Im Ausgangsfall aus dem November 1990 wollte eine Gruppe von Roma und Sinti ein Treffen mit dem

Hohen Flüchtlingskommissar der Vereinten Nationen durchsetzen und blockierte eine Autobahn für fünf Stunden. Eine solche *Verhinderungsblockade* war nicht von der Versammlungsfreiheit geschützt. Als *symbolische* Intervention, die nur auf eine kommunikative Wirkung abziele, bewerteten die Richter*innen dagegen eine Blockade aus dem Kontext der Anti-Atomkraftbewegung. Vor der Wiederaufbereitungsanlage Wackersdorf hatten sich Personen aneinandergekettet und so die Zufahrt für drei Stunden versperrt. Da ihr Handeln nach Ansicht des Gerichts als Stellungnahme gemeint war und sie ihr Anliegen nicht unmittelbar selbst durchsetzen wollten, war ihr Verhalten von der Versammlungsfreiheit geschützt.

Zum Tragen kam diese Rechtsprechung zum Beispiel auch in einem aktuellen Fall von 2020 in Hessen. Aktivist*innen protestierten gegen die Rodung des Dannenröder Forstes («Danni bleibt!»), der einem Autobahnausbau weichen sollte. Zu diesem Zweck sahen sie regelmäßige Blockaden der durch den Wald führenden Straße (L 3343) vor und meldeten diese Blockaden auch bei den Behörden als Versammlungen an. Die Behörden waren allerdings der Auffassung, dass die geplanten Blockaden nicht unter den Begriff «Versammlung» im Grundgesetz fallen würden – und verboten diese. Einem solch pauschalen Verbot schob der Hessische Verwaltungsgerichtshof einen Riegel vor. Die Blockaden dienten dem Gericht zufolge erstens nicht der unmittelbaren Verhinderung des Ausbaus, sondern der mittelbaren Einflussnahme, weil sie eine politische Meinungsäußerung darstellten. Damit hätten sie einen «symbolischen» Charakter und seien grundsätzlich von der Versammlungsfreiheit geschützt. Aber auch diese habe ihre Grenzen. Der Gerichtshof folgte den Aktivist*innen daher nicht darin, dass sie über einen Zeitraum von fünf Monaten für jeweils drei Stunden von 8 bis 11 Uhr die Landstraße blockieren könnten. Denn eine solche Störung sei unverhältnismäßig und beinträchtige die Interessen aller anderen Verkehrsteilnehmenden zu schwer. Das Gericht setzte den Rahmen für eine angemessene Ausübung der Versammlungsfreiheit folgendermaßen fest:

> Ein Ausgleich der widerstreitenden Interessen des Antragstellers bzw. der Versammlungsteilnehmer und den Interessen aller übrigen Verkehrsteilnehmer, die die L 3343 befahren möchten, könnte etwa dergestalt erfolgen, dass Sitzblockaden täglich für einen Zeitraum von etwa 30 Minuten außerhalb der Schul- und Berufsverkehrszeit zugelassen werden. Die Sitzblockaden sollten auch jeweils zur vorher festgelegten gleichen Zeit stattfinden, damit sich die Verkehrsteilnehmer darauf einrichten könnten.[7]

Blockade ja, aber Störung nein? Der Fall «Danni bleibt!» zeigt den Zwiespalt von Aktionen zivilen Ungehorsams auf, die um eine Integration in die Verfassungsordnung ringen. Zwar erreichten die Aktivist*innen einerseits, dass ihre Blockaden grundsätzlich als Versammlung anerkannt wurden. Dadurch sicherten sie eine Interpretation der Versammlungsfreiheit des Grundgesetzes, die solche Protestformen umfasst. Andererseits setzte das Gericht der Blockade so enge Grenzen, dass sie ihr kommunikatives Anliegen eigentlich gar nicht mehr erreichen kann. «30 Minuten außerhalb der Schul- und Berufsverkehrszeit», auf die sich die «Verkehrsteilnehmer [...] einrichten könnten»: Was nützt ein Protest, den man einplanen und umfahren kann, den niemand sieht und niemand hört? Die genannten Fälle zeigen, dass die Gerichte nur in sehr engen Bahnen bereit sind, Fälle des Ungehorsams als gerechtfertigt in die Rechts- und Verfassungsordnung zu integrieren. In ihren Entscheidungsgründen suggerieren sie, dass sie nach der Rechtslage im Einzelfall entscheiden. In den politisch und moralisch aufgeladenen Fällen des zivilen Ungehorsams lässt sich der Kontext aber nicht einfach herausdividieren. Wie also hängt der Umgang der Gerichte mit den Rechtfertigungsangeboten zusammen, die uns die politische Theorie und die Moraltheorie für zivilen Ungehorsam anbieten?

Die «klassischen» Rechtfertigungsmodelle zivilen Ungehorsams

Ein Verhalten als rechtmäßige Ausübung eines Grundrechts oder als gerechtfertigt zu bewerten, trifft eine Aussage darüber, inwiefern eine Handlung mit der Rechts- und Verfassungsordnung vereinbar ist. Ist ein Verhalten gerechtfertigt, das eigentlich alle Merkmale eines Straftatbestands erfüllt, dann bedeutet dies, dass die Tat von der Rechtsordnung nicht als Unrecht angesehen wird. Ziviler Ungehorsam wirft damit die Gretchen-Frage der Rechtsphilosophie auf, und zwar, wie Recht und Moral zusammenhängen. Es ist eine der Errungenschaften der Moderne, dass Recht und Moral als zwei unterschiedliche gesellschaftliche Systeme behandelt werden, die auch unterschiedlichen Logiken folgen. Eine zu übergriffige Anreicherung des Rechts mit moralischen Anforderungen ist mit einer pluralistischen und liberalen Ordnung nicht vereinbar. Das Recht stellt nur eine äußere Ordnung bereit, innerhalb derer die Einzelnen ihren eigenen moralischen Anschauungen folgen können. Nichtsdestotrotz nimmt der demokratische Rechtsstaat für sich in Anspruch, eine gerechte Ordnung zu sein, und will somit auch eine moralische Erwartung erfüllen.

Ziviler Ungehorsam greift genau an dieser Schnittstelle von Recht und Moral ein, das heißt in denjenigen Fällen, in denen Recht und Gerechtigkeit auseinanderzufallen drohen. Aus diesem Grund ist ziviler Ungehorsam Gegenstand gerade der Theorien, die versuchen, den demokratischen Rechtsstaat normativ zu begründen. Zwei der wichtigsten Ansätze sind das liberale Modell von John Rawls und das deliberative von Jürgen Habermas.

Von Verträgen und Vernunft. Verhältnismäßig, öffentlich, symbolisch: Die Gratwanderung, die der zivile Ungehorsam an der Grenze von Legalität und Legitimität unternimmt, wird in einem Vergleich der soeben aufgestellten Kriterien in der Rechtsprechung mit denjenigen der politischen Theorie deutlich. Der US-amerikanische Philosoph John Rawls (1921–2002) beginnt seine Auseinandersetzung mit der in der Einleitung bereits zitierten «Definition zivilen Ungehorsams als einer öffentlichen, gewaltlosen, gewissensbestimmten, aber politischen gesetzwidrigen Handlung, die gewöhnlich eine Änderung der Gesetze oder der Regierungspolitik herbeiführen soll».[8] Für Rawls ist der zivile Ungehorsam ein Appell einer Minderheit an die Mehrheit innerhalb einer politischen Gemeinschaft, um diese aufzufordern oder sogar zu zwingen, ihre Meinung zumindest zu überdenken und gegebenenfalls zu ändern. Geleitet werden soll der bewusste Rechtsbruch dabei aber nicht primär von individuellen Moralvorstellungen, sondern von den Prinzipien der Gerechtigkeit, die Rawls in seiner *Theorie der Gerechtigkeit* entwickelt.

Rawls nutzt ein Gedankenexperiment, um diese Prinzipien herauszuarbeiten. Ausgangspunkt ist ein hypothetischer «Urzustand», das heißt eine Situation, in der rationale und gleiche Individuen sich in einer Gesellschaft befinden, ohne dabei ihre eigenen Talente und Eigenschaften zu kennen. Die Individuen schließen einen Gesellschaftsvertrag unter diesem «Schleier des Nichtwissens». Er verdeckt, welche Position, Fähigkeiten oder Vorlieben sie in der Gesellschaft haben werden. Welche Prinzipien würden sie unter diesen Bedingungen des Nichtwissens wählen? Welche Prinzipien der Gerechtigkeit würden sie als fair und gerecht betrachten, unabhängig von ihrer eigenen Person?

Nach Rawls entscheiden sich vernünftige Akteure im «Urzustand» zum einen für ein Freiheits- und zum anderen für ein Unterschiedsprinzip. Das erste Prinzip schützt die individuelle Freiheit. Jeder Mensch soll demnach das Recht auf das «umfangreichste System gleicher Grundfreiheiten haben, das mit dem gleichen System für alle anderen verträglich ist».[9] Es ist das altbekannte Prinzip, dass die Freiheit der einen in der Freiheit der anderen ihre Grenzen findet. Das zweite Prinzip differenziert den Gedanken der Chancengleichheit aus und gibt Maßstäbe an die Hand, um gesellschaftliche Ungleichheit bis zu einem bestimmten Punkt zu rechtfertigen. Demnach müssen soziale und wirtschaftliche Ungleichheiten so angeordnet sein, dass «(a) vernünftigerweise zu erwarten ist, daß sie zu jedermanns Vorteil dienen, und (b) sie mit Positionen und Ämtern verbunden sind, die jedem offen stehen».[10] Unterschiede dürfen sich demnach nie in den Freiheitsrechten widerspiegeln. Soziale und wirtschaftliche Unterschiede sind nur dann zu akzeptieren, wenn es grundsätzlich die gleichen Chancen gibt, die eigene soziale und wirtschaftliche Position zu verbessern.[11]

Ist es die Funktion des zivilen Ungehorsams, die Gerechtigkeitsprinzipien durchzusetzen, dann setzt er ein Einverständnis über diese Prinzipien voraus. Ausgeschlossen ist damit eine Fundamentalopposition. Zivil Ungehorsamen geht es in diesem Modell gerade darum, die durch die Verfassung ausgestalteten Gerechtigkeitsprinzipien zu verwirklichen. Rawls mahnt daher Zurückhaltung an: Die Funktion des zivilen Ungehorsams ist es, die Ordnung zu *stabilisieren*. Zu viel ziviler Ungehorsam laufe aber Gefahr, das Gegenteil zu erreichen. Der Ungehorsam sei daher erstens maßvoll einzusetzen; nicht alle gesellschaftlichen Gruppen könnten gleichzeitig gegen alle Ungerechtigkeiten mit zivilem Ungehorsam vorgehen. Deswegen plädiert Rawls zweitens dafür, erst einmal alle anderen institutionellen Möglichkeiten voll auszuschöpfen und den zivilen Ungehorsam nur als letztes Mittel zu nutzen. Dieses Kriterium ist uns bereits aus der Rechtsprechung bekannt. Und drittens darf der Ungehorsam nach Rawls nur bei schweren Verstößen gegen die Bürger- und Menschenrechte – also gegen das liberale Freiheitsprinzip – oder gegen das Prinzip der Chancengleichheit zum Einsatz kommen. Verstöße gegen das eher sozialdemokratisch geprägte Unterschiedsprinzip, das die Verteilung gesellschaftlicher Ressourcen betrifft, sind Rawls zufolge aber in der Regel nicht so eindeutig. Ein Vorgehen durch Ungehorsam wäre daher in diesen Fällen unverhältnismäßig.[12]

Schon in diesem kurzen Überblick treten die Probleme des Rawls'schen Ansatzes deutlich hervor. So ist schon nicht plausibel, warum soziale Bewegungen sich gerade in einer besonders ungerechten Gesellschaft mit dem Ungehorsam zurückhalten sollen. Wenn es viele Gerechtigkeitsverstöße gibt, kann ohnehin nicht mehr von einer stabilen demokratischen und rechtsstaatlichen Gemeinschaft gesprochen werden. Wenn es in dieser Situation eine Zivilgesellschaft gibt, die sich in Protestbewegungen organisiert, ist es dann nicht gerechtfertigt, durch zivilen Ungehorsam großflächig für entsprechende Veränderungen einzutreten?

Rawls scheint davon auszugehen, dass es offensichtliche Gerechtigkeitsverstöße auf der einen und politisch umstrittene und daher nicht so offensichtliche Verstöße auf der anderen Seite gibt. Er konzeptualisiert den zivilen Ungehorsam als einen Spiegel, der einer im Grunde gerechten Gesellschaft und ihrer Mehrheit vorgehalten wird – einer Gesellschaft, die durch Selbstreflexion eine Bereitschaft entwickelt, den offensichtlichen Verstößen zu begegnen. Die historische Situation, aus der Rawls Anfang der 1970er Jahre sein Buch veröffentlicht, steht nicht zuletzt unter dem Eindruck der amerikanischen Bürgerrechtsbewegung. In der Situation der Rassentrennung, in denen Schwarzen Bürgerrechte und der Zugang zu vielen Institutionen, beispielsweise vielen Bildungseinrichtungen verwehrt war, liegen die Gerechtigkeitsverstöße tatsächlich offen zutage.

Zwar ist es so, dass das Regime der Segregation in dieser Form in den USA nicht mehr existiert. Formal sind Schwarze und Weiße Menschen gleichgestellt. Einem formalen Freiheitsprinzip (gleiche Bürger- und Menschenrechte) und einem formalen Prinzip auf Chancengleichheit ist damit Genüge getan. Materiell wird diese Gleichheit aber nicht verwirklicht, weil Schwarze nach wie vor nicht den gleichen Zugang zu sozialen und wirtschaftlichen Ressourcen haben. Sie erreichen im Durchschnitt ein niedrigeres Bildungsniveau, sie verdienen weniger Geld, sie werden schlechter gesundheitlich versorgt und sie werden viel häufiger als Weiße inhaftiert. Sind diese Ungerechtigkeiten nicht ebenso offensichtlich, auch wenn sie kein Verstoß gegen das Freiheitsprinzip darstellen?[13]

Eine Gesellschaft kann auch gerade deswegen ungerecht sein, weil die sozialen und ökonomischen Teilnahmebedingungen nicht gleichwertig verteilt sind. Daher stellt sich die Frage, ob wirklich nur Verstöße gegen das Freiheitsprinzip und das formale Prinzip der Chancengleichheit Ungehorsam rechtfertigen. Denn gerade soziale und wirtschaftliche Faktoren sind es, die verhindern, dass Bürger*innen und andere Personen (z. B. Geflüchtete) nicht auf den vorgesehenen institutionellen Bahnen ihre Anliegen adäquat vertreten können. Bildung, Gesundheit, Einkommen, Vorstrafen und Inhaftierung – all das wirkt sich auch auf die Möglichkeiten aus, auf institutionellen Wegen, also vor allen Dingen in Parteien und durch Wahlen, Einfluss zu nehmen.

Von Diskursen und Deliberationen. Demgegenüber denkt der Philosoph und öffentliche Intellektuelle Jürgen Habermas die demokratische Funktion des zivilen Ungehorsams in seiner Konzeption stärker mit. Während John Rawls den zivilen Ungehorsam als Teil seiner Theorie der Gerechtigkeit ansieht, entwickelt Habermas sein Verständnis als Teil seiner deliberativen Demokratietheorie.

Ihr Ausgangspunkt ist das unaufgelöste Spannungsverhältnis zwischen den beiden Grundprinzipien, die Demokratie und Rechtsstaat zugrunde liegen: Volkssouveränität und Menschenrechte. Habermas zeichnet nach, wie liberale Theorien, in deren Folge auch Rawls einzuordnen ist, die moralisch begründeten Menschenrechte dem durch eine demokratische Mehrheitsentscheidung zustande gekommenen Recht vorziehen. In diesen Ansätzen gehen Menschenrechte – im Sinne von universellen und unveräußerlichen Rechten – demokratischen Entscheidungen und dem Mehrheitswillen voraus. Das Recht ist dann weniger der Ausdruck eines Gemeinwillens als vielmehr ein Instrument, um private Handlungssphären zu schützen und individuelle Autonomie zu gewährleisten.

Im Gegensatz dazu konzentrieren sich republikanische Theorien mehr auf die Begründung der Volkssouveränität als zentrales Prinzip der politischen Ordnung. Diese Theorien betonen die Bedeutung des politischen Gemeinwesens und der kollektiven Autonomie, wobei individuelle Interessen und Menschenrechte gegenüber dem kollektiv verstandenen Gemeinwohl zurücktreten. In republikanischen Ansätzen liegt der Fokus weniger auf den Rechten des Einzelnen, sondern vielmehr auf den Pflichten und Verantwortlichkeiten gegenüber der Gemeinschaft.[14]

Habermas kritisiert am liberalen und am republikanischen Ansatz, dass sie jeweils das Individuum (Liberalismus) oder das Volk (Republikanismus) überbetonen. Stattdessen argumentiert er für eine Begründung des demokratischen Rechtsstaats, in der Menschenrechte und Volkssouverän «gleichursprünglich» sind. Dies soll sein deliberativer Ansatz leisten.[15] Habermas will also ein eigenes Angebot machen, um Recht und Moral, demokratische Mehrheitsentscheidung und moralisch begründete Gerechtigkeitsprinzipien zusammenzubringen.

Grundlage seines eigenen Ansatzes ist eine anspruchsvolle

Diskurstheorie, die verschiedene linguistische, soziologische und philosophische Einflüsse zusammenbringt. Diese Diskurstheorie führt zunächst zu einer Moraltheorie. Ihre Voraussetzung liegt in einem Diskurs, der herrschaftsfrei abläuft. Dafür bedarf es einer idealen Sprechsituation, auf die alle Teilnehmenden sich verpflichten hinzuwirken. Die ideale Sprechsituation zeichnet sich für Habermas dadurch aus, dass alle die gleichen Chancen haben, am Diskurs teilzunehmen und sich darin zu äußern. Er dient dem Zweck, einen vernünftigen Konsens über moralische Fragestellungen zu finden. Die Wahrheitsfindung hinsichtlich historischer Tatsachen oder naturwissenschaftliche Fragestellungen, die durch Experimente bewiesen werden können, sind dementsprechend dem Diskurs entzogen.[16]

Auf dieser Basis führt Habermas nun ein Diskurs- und ein Universalisierungsprinzip ein. Das *Diskursprinzip* beansprucht seine allgemeine Geltung nicht durch einen Verweis auf eine über dem Prinzip thronende Vernunft, sondern aus der tatsächlichen Zustimmung der Teilnehmenden im herrschaftsfreien Diskurs. Nach diesem Prinzip können nur Normen Geltung beanspruchen, die «die Zustimmung aller Betroffenen als Teilnehmer eines praktischen Diskurses finden könnten».[17] Das Diskursprinzip legt damit erst einmal grundsätzlich fest, wie Handlungsnormen überhaupt überparteilich begründet werden können. Das *Universalisierungsprinzip* konkretisiert daraufhin das allgemeine Diskursprinzip speziell für moralische Diskurse. Moralische Normen haben nach diesem Ansatz Geltung, weil sie von allen vernünftigen Teilnehmenden eines herrschaftsfreien Diskurses anerkannt werden. Das Gleiche gilt im Grundsatz auch für das Recht; Recht und Moral stehen für Habermas in einem wechselseitigen Verhältnis. Weil Recht mit Zwang durchgesetzt werden kann, blickt es allerdings nicht auf die innere Motivation der Handelnden, sondern legt nur einen äußeren Handlungsrahmen fest.

Mit einem weiteren Prinzip, dem *Demokratieprinzip*, verbindet Habermas daher das Diskursprinzip mit dem Rechtssystem. Das Demokratieprinzip setzt die im Diskurs gefundenen vernünftigen Entscheidungen nach außen durch eine rechtliche Struktur um. Das Recht erhält seine Legitimität aus dem Prozess der Gesetzgebung, der wiederum seine Legitimität aus dem Prinzip der Volkssouveränität bezieht, also der (im Diskurs gewonnenen) Zustimmung der Betroffenen. Damit diese Zustimmung trägt, müssen den Bürger*innen zum einen politische Teilhaberechte gewährt, zum anderen ihre individuellen Freiheitsrechte geschützt werden. Nach Habermas entsteht die Legitimität des Rechts also aus der Rechtmäßigkeit demokratischer Verfahren, während die Rechtmäßigkeit demokratischer Verfahren wiederum Legitimität durch die Garantie individueller Rechte erfordert. Weder dem demokratischen Prinzip der Volkssouveränität noch den moralisch begründeten individuellen Rechten kann ein Vorrang eingeräumt werden. Habermas begründet diese Gleichursprünglichkeit, indem er Menschenrechte und Volkssouveränität in seiner Theorie deliberativer Demokratie durch die zentrale Bedeutung des Diskurses und politischer Beteiligungsrechte miteinander verknüpft.[18]

Diese enge Verknüpfung von Recht und Moral sowie Legalität und Legitimität liefert allerdings auch einen Grund, warum die Gesetze im demokratischen Rechtsstaat grundsätzlich zu befolgen sind. Daraus darf laut Habermas aber kein blinder Gehorsam oder, wie er es ausdrückt, «autoritärer Legalismus»[19] folgen. Der zivile Ungehorsam fügt sich in seine Theorie dergestalt ein, dass er Bürger*innen die Möglichkeit einräumt, einfache Gesetze (also Gesetze, die keine Verfassungsnormen sind) und Regierungsmaßnahmen einer kritischen Prüfung zu unterziehen. Er gibt den Bürger*innen ein Mittel an die Hand, die Legitimität dieser Gesetze und Maßnahmen infrage zu stellen und auf diese Weise das geknüpfte Band von Recht und Moral intakt zu halten, das die deliberative Demokratietheorie erwiesen hat. Voraussetzung dafür ist, dass zivil Ungehorsame sich mit der Verfassung identifizieren und als «Hüter der Legitimität»[20] gerade die Verfassung verteidigen wollen. Die sprachliche Bezugnahme auf das Bundesverfassungsgericht als «Hüter der Verfassung» ist dabei kein Zufall. Indem zivil Ungehorsame die Einsichtsfähigkeit und den Gerechtigkeitssinn der Mehrheit ansprechen, drücken sie ihre Motivation aus, Fehler im Rechtsprozess zu korrigieren oder Veränderungen anzustoßen. Ziviler Ungehorsam wird damit zu einem Ausdruck von *Verfassungspatriotismus*. Gemeint ist damit, dass die Loyalität im demokratischen Rechtsstaat weder den einfachen Gesetzen noch der politischen Gemeinschaft gilt, sondern der Verfassung.[21]

Dieser starke Anspruch spiegelt sich auch in dem Kriterienkatalog wider, den Habermas in seiner Definition des zivilen Ungehorsams aufstellt:

> Ziviler Ungehorsam ist moralisch *begründeter* Protest, dem nicht nur private Glaubensüberzeugungen oder Eigeninteressen zugrundeliegen dürfen; er ist ein *öffentlicher* Akt, der in der Regel angekündigt ist und von der Polizei in seinem Ablauf kalkuliert werden kann; er schließt die *vorsätzliche Verletzung* einzelner Rechtsnormen ein, ohne den Gehorsam gegenüber der Rechtsordnung im ganzen zu affizieren; er verlangt die Bereitschaft, für die rechtlichen *Folgen* der Normverletzung *einzustehen*; die Regelverletzung, in der sich der zivile Ungehorsam äußert, hat ausschließlich *symbolischen Charakter* – daraus ergibt sich die Begrenzung auf *gewaltfreie* Mittel des Protestes.[22]

Die von Habermas aufgestellten Kriterien sind uns bereits aus der Rechtsprechung bekannt. Während sie oben durch die strafrechtlichen Rechtfertigungsgründe beziehungsweise durch das Grundrecht auf Versammlung in das Rechtssystem eingeführt wurden, liefert Habermas nun eine Begründung, die sich auf die spezifische Verbindung von Recht und Moral im demokratischen Rechtsstaat bezieht. In seiner Definition findet sich erstens das Kriterium wieder, dass der Ungehorsam öffentlich und kalkulierbar sein muss und dass die Ungehorsamen – wie im Falle des sachsen-anhaltischen Stalleinbruchfalls – für ihre Taten einstehen müssen. Wie bereits das Bundesverfassungsgericht befürwortet Habermas zweitens ausschließlich symbolische Stellungnahmen. Gewaltsam durchgesetzte Selbstjustiz ist nicht «zivil». Auch in den Stalleinbruch-Fällen haben die Aktivist*innen nur Beweismaterial bereitgestellt, die eigentliche Rechtsdurchsetzung aber den Behörden beziehungsweise der Öffentlichkeit überlassen. Drittens braucht der zivile Ungehorsam gute Gründe. Er muss von mehr angeleitet sein als von «privaten Glaubensüberzeugungen» oder «Eigeninteressen». Auch wenn durch den zivilen Ungehorsam einzelne einfache Gesetze gebrochen werden, bleibt er trotzdem gehorsam gegenüber der Rechtsordnung im Ganzen. Auch das wird im Fall in Sachsen-Anhalt deutlich, in dem die Aktivist*innen nur das geltende Recht durchsetzen wollten. Indem Habermas sowohl auf moralische Gründe verweist als auch betont, dass durch den Ungehorsam nicht der grundsätzliche Gehorsam gegenüber der rechtsstaatlich-demokratischen Ordnung angegriffen werden darf, verweist er auf den inhärenten Zusammenhang zwischen Recht und Moral. Dieser ist Gegenstand seiner oben dargestellten deliberativen Demokratietheorie. Der Zusammenhang findet seinen Ausdruck in der Verfassung, die für Habermas, wie auch schon für Rawls einen gesellschaftlichen Konsens darstellt.

Wir wollen daher an dieser Stelle noch einmal genauer betrachten, was es bedeutet, auf diesen Konsens durch zivilen Ungehorsam Bezug zu nehmen. Inwiefern lassen sich derlei Bezugnahmen als Interpretationen der Verfassung begreifen, die beanspruchen, in den demokratischen Rechtsstaat integriert zu werden?

Integration durch Verfassungsinterpretation

Wenn Gerichte Entscheidungen treffen, dann treten sie mit einem Anspruch auf Objektivität auf. Die klassische Urteilsformel leitet damit ein, dass das jeweilige Gericht «für Recht erkannt» hat, so als gäbe es nur eine richtige Antwort für den Fall, der zur Entscheidung stand. Was die Gerichte für Recht «erkennen», kann sich de facto aber verändern. Zum einen, weil die Gesetzgebung die Gesetze ändert, zum anderen, weil sich die Interpretationen der Gesetze verändern können. Ein Beispiel dafür haben wir bereits oben gesehen: Dass das Tierwohl als ein Rechtsgut angesehen wird, das einen Hausfriedensbruch rechtfertigen kann. Im Fall der Stalleinbrüche hat das Oberlandesgericht Naumburg einen Rechtfertigungsgrund aus dem Strafgesetzbruch genommen und ihn anders als bisher verstanden. In § 34 Strafgesetzbuch steht:

> Wer in einer gegenwärtigen, nicht anders abwendbaren Gefahr für Leben, Leib, Freiheit, Ehre, Eigentum oder ein anderes Rechtsgut eine Tat begeht, um die Gefahr von sich oder einem anderen abzuwenden, handelt nicht rechtswidrig, wenn bei Abwägung der widerstreitenden Interessen, namentlich der betroffenen Rechtsgüter und des Grades der ihnen drohenden Gefahren, das geschützte Interesse das beeinträchtigte wesentlich überwiegt. Dies gilt jedoch nur, soweit die Tat ein angemessenes Mittel ist, die Gefahr abzuwenden.

Das Oberlandesgericht Naumburg und bereits die beiden vorherigen Instanzen teilten die Auffassung der Aktivist*innen, die in den Stall eingebrochen waren: Das Tierwohl ist ein «anderes Rechtsgut», dass durch die Verhältnisse in dem Mastbetrieb einer «gegenwärtigen Gefahr» ausgesetzt war. Es bestand die Gefahr, dass das Tierschutzgesetz gebrochen wurde, und die Tierschutzbehörden diesem Zustand nicht abgeholfen hatten. Diese Gefahr ließ sich daher auch nicht «anders abwenden», als diese gesetzeswidrigen Verhältnisse zu filmen und das Filmmaterial an die nächsthöhere Behörde weiterzugeben. Der Eingriff in das Eigentum des Mastbetriebbetreibers war dieser Auslegung gemäß angemessen, da das Tierwohl in Artikel 20a Grundgesetz (ebenso wie das Eigentum in Artikel 14 Grundgesetz) von der Verfassung geschützt ist.

Von der politischen Theorie haben wir ebenfalls gelernt, dass ziviler Ungehorsam nicht unbedingt im Widerspruch mit dem Rechtsstaat stehen muss. Die vorgestellten Ansätze widerlegen implizit die im ersten Kapitel dargestellten drei sokratischen Argumente. Gegen das Loyalitätsargument bringt insbesondere Habermas den zivilen Ungehorsam als Ausdruck einer höheren Loyalität in Stellung: nicht als Loyalität gegenüber den einfachen Gesetzen, sondern als Loyalität gegenüber der Verfassung. Für Habermas nimmt der zivile Ungehorsam Bezug auf den gesellschaftlichen Konsens, der für liberale und deliberative Theorien in der Verfassung Ausdruck findet. Durch den Gesetzesbruch soll die Verfassungsgemeinschaft daran erinnert werden, dass sie durch einzelne Gesetze oder Maßnahmen diesen Konsens nicht mehr einhält.

Das führt zum Ordnungsargument. Insbesondere der liberale Ansatz von Rawls versteht den zivilen Ungehorsam nicht als Angriff auf die Ordnung des demokratischen Rechtsstaats, sondern als seinen Stabilitätsgaranten. Denn in manchen Fällen *schadet Ungerechtigkeit der Ordnung mehr als der Ungehorsam.* Bin ich als Bürgerin mit einem offensichtlichen Verstoß gegen Gerechtigkeitsprinzipien konfrontiert, dann kann mir daher kein unbedingter Ungehorsam abverlangt werden.

Damit komme ich zum dritten Punkt, dem Zustimmungsargument: Offensichtliche Verstöße gegen die Gerechtigkeitsprinzipien können bei Rawls und Habermas eine Ausnahme vom demokratischen Mehrheitsprinzip rechtfertigen. Denn die demokratisch-rechtsstaatliche Verfassung dient in erster Linie dem Schutz der Gerechtigkeitsprinzipien. Wie wir sogleich sehen werden, können wir darüber hinaus noch argumentieren, dass ziviler Ungehorsam eine Weiterentwicklung der Verfassung «von unten» bewirken kann.

Lebendige Verfassung. Dass Gerichte Forderungen von zivil Ungehorsamen aufnehmen beziehungsweise ihre Aktionen als gerechtfertigt ansehen, ist eine Form der Integration durch Verfassung. Diese Integration erfolgt in eine politische Gemeinschaft, die sich als demokratischer Rechtsstaat versteht und durch eine Verfassung ‹konstituiert›, also gegründet und zusammengehalten wird. Die dauerhafte Sicherung der Verfassung und Stabilisierung der politischen Gemeinschaft gelingt unter anderem durch Institutionen, also durch Verfassungsorgane. Darunter fallen repräsentativ organisierte Institutionen wie der Bundesrat und der Bundestag sowie nicht-repräsentative wie das Bundesverfassungsgericht und der Bundespräsident.

Die Verfassung selbst befindet sich dabei in einem oft schmerzhaften Spagat. Einerseits tritt sie mit einer Ewigkeitserwartung auf: Sie soll das politische Tagesgeschäft und den durch Wahlen bedingten politischen Wandel überdauern und einen Kerngehalt sichern.[23] Im Grundgesetz ist dieser Kerngehalt sogar dezidiert durch eine sogenannte «Ewigkeitsklausel» ausdrücklich bezeichnet (Artikel 79 Absatz 3 Grundgesetz). Aus dieser Bestimmung geht hervor, dass beispielsweise die Menschenwürde und das Demokratie- und Rechtsstaatsprinzip von einer Änderung des Grundgesetzes nicht berührt werden dürfen.

Andererseits erfordert gerade die Dauerhaftigkeit der Verfassung auch ihre Anpassungsfähigkeit. Im deutschen Grundgesetz ist die Dauerhaftigkeit bereits dadurch relativiert, dass es sich im Vergleich zu anderen Verfassungen leicht ändern lässt. Es bedarf «nur» einer Zweidrittelmehrheit im Bundestag und Bundesrat (Artikel 79 Absatz 2 Grundgesetz) – ausgenommen davon sind die in der Ewigkeitsklausel gesicherten Prinzipien. Die US-amerikanische Verfassung hingegen kann praktisch nicht geändert und nur unter sehr hohen Voraussetzungen ergänzt werden. Aus der amerikanischen Verfassungstradition kommt daher auch der Begriff der «Living Constitution», also der Gedanke, dass die Verfassung ein lebendiges Dokument ist, das den Wandel der Zeiten, der gesellschaftlichen Vorstellungen und politischen Verhältnisse aufnehmen kann. Die Anpassungsfähigkeit der Verfassung ergibt sich demnach also – und das ist die zentrale Grundlage meiner These – aus ihrer Interpretationsoffenheit.

Denn wenn es um die Grundrechte und grundlegende Prinzipien geht, steht im Grundgesetz erstaunlich wenig. Vor allem wenn wir uns ansehen, was das Bundesverfassungsgericht, aber auch Politiker*innen, Rechtswissenschaftler*innen und Bürger*innen aus der Verfassung herauslesen. Die Interpretationsoffenheit der Verfassung und die Vorstellungen von einer guten Ordnung, die wir in sie hineinprojizieren, stellen uns vor die Frage, wie weit die Interpretationen gehen dürfen und wer darüber entscheiden darf. Die Letztentscheidungsgewalt über die «richtige» Interpretation der Verfassung steht im Institutionengefüge des deutschen Grundgesetzes fest: Sie liegt beim Bundesverfassungsgericht (Artikel 93, 100 Grundgesetz). Aus dem Grundgesetz geht aber auch hervor, dass das Bundesverfassungsgericht sich auf seine Aufgabe als «Hüter der Verfassung» beschränken muss. Die Aufgabe der Gesetzgebung ist demgegenüber dem Bundestag und dem Bundesrat als Repräsentativorganen zugeordnet (Artikel 76–78 Grundgesetz). In ihrer Aufgabe, die politische Ordnung nach den Vorgaben der Verfassung auszugestalten, kommt den Gesetzgebungsorganen ein Spielraum zu, der auch ihnen eine Stellung als Verfassungsinterpreten zusichert.

Schwieriger ist hingegen die Stellung von Bürger*innen und der Zivilgesellschaft zu bestimmen. «Integration durch Verfassung» ist eigentlich ein Ausdruck aus der Weimarer Verfassungsrechtslehre, die bis heute in die deutsche Verfassungsrechtswissenschaft hineinwirkt. Die Integrationslehre des Weimarer Staatsrechtslehrers Rudolf Smend erkannte in der Verfassung und in den auf sie Bezug nehmenden Symbolen des Verfassungsstaats wie der Staatsflagge oder der Hymne ein Integrationspotenzial: Sie geben den Bürger*innen die Möglichkeit zur Identifikation.[24] Integration durch Verfassungsinterpretation greift den Gedanken, dass die Verfassung ein Interpretationspotenzial bietet, zwar grundsätzlich auf, wendet ihn aber hin zu einer aktiv verstandenen Bürgerschaft. Die Verfassungsinterpretation für die Zivilgesellschaft zu öffnen, bedeutet, ihr eine Identifikation durch *Partizipation* anzubieten. Wie angedeutet finden wir diese Vorstellung bereits in Habermas' Konzeption des zivilen Ungehorsams wieder:

> Die Rechtfertigung des zivilen Ungehorsams stützt sich überdies auf ein *dynamisches Verständnis* der Verfassung als eines unabgeschlossenen Projektes. Aus dieser Langzeitperspektive stellt sich der demokratische Rechtsstaat nicht als fertiges Gebilde dar, sondern als ein anfälliges, irritierbares, vor allem fehlbares und revisionsbedürftiges Unternehmen, das darauf angelegt ist, das System der Rechte unter wechselnden Umständen *von neuem* zu realisieren, d. h. besser zu *interpretieren* [Hervorhebung S. A.], angemessener zu institutionalisieren und in seinem Gehalt radikaler auszuschöpfen.[25]

Damit stellt Habermas selbst eine Verbindung zwischen einem Verständnis der Verfassung als «lebendig» und dem zivilen Ungehorsam her. Er weist darauf hin, dass ziviler Ungehorsam neue Interpretationen hervorbringt, um der Verfassung auf eine «radikalere» Weise gerecht zu werden. Ihren Anspruch auf Ewigkeit kann die Verfassung nur erheben, wenn wir sie auch als fehlbar, revisionsbedürftig und veränderungsoffen behandeln.

Beispiel: Klimaschutz und Versammlung. Wie das konkret aussieht, lässt sich an den bereits angesprochenen Artikeln des Grundgesetzes illustrieren, Artikel 20a und Artikel 8 Grundgesetz. Artikel 20a Grundgesetz sei an dieser Stelle noch einmal vollständig zitiert:

> Der Staat schützt auch in Verantwortung für die künftigen Generationen die natürlichen Lebensgrundlagen und die Tiere im Rahmen der verfassungsmäßigen Ordnung durch die Gesetzgebung und nach Maßgabe von Gesetz und Recht durch die vollziehende Gewalt und die Rechtsprechung.

Im Klimabeschluss[26] – eine der in der Rechtswissenschaft und Öffentlichkeit am meisten diskutierten Entscheidungen des Bundesverfassungsgerichts überhaupt – legt das Gericht Artikel 20a Grundgesetz folgendermaßen aus: Es stellt im Ergebnis fest, dass Teile des Klimaschutzgesetzes von 2019 dem Grundgesetz widersprechen. Insbesondere die Regelungen zur Fortschreibung der Emissionsminderungsziele ab 2031 reichten demnach nicht aus, um den erforderlichen rechtzeitigen Übergang zur Klimaneutralität zu gewährleisten. Der Gesetzgeber hätte Maßnahmen ergreifen müssen, um die Belastungen für künftige Generationen abzumildern. Das Urteil macht damit den Klimaschutz, der als reines und abstraktes Staatsziel im Grundgesetz verankert ist, konkret einklagbar. Zudem erkennt das Urteil eine globale Verantwortung an. Denn das Gericht hat die Verfassungsbeschwerde von Beschwerdeführer*innen aus dem globalen Süden für zulässig erachtet. Und schließlich bestimmt das Gericht, dass eine Nicht-Einhaltung des Pariser Abkommens die Freiheitsrechte junger Beschwerdeführer*innen verletzt und eine generationenübergreifende Verpflichtung zur Achtung der Grundrechte künftiger Generationen besteht.

In diesem Zusammenhang lässt sich ziviler Ungehorsam in verschiedener Hinsicht als Verfassungsinterpretation ausdeuten. Erstens waren es unter anderem Aktivist*innen, die diese Entscheidung des Bundesverfassungsgerichts angestoßen haben: Sie sind als Kläger*innen aufgetreten, sie sind Teil der Generation, die mit den Folgen der Klimakrise leben muss und ihre eigenen Rechte in Anspruch genommen hat. Zweitens nehmen Aktivist*innen in Blockaden und bei anderen Formen zivilen Ungehorsams immer wieder Bezug auf Artikel 20 a Grundgesetz und auf die entsprechende Rechtsprechung des Bundesverfassungsgerichts. Sie nehmen also die Interpretation des Gerichts auf und denken diese weiter. Ihre interpretative Stellungnahme findet dann wiederum Widerhall in der Rechtsprechung der Strafgerichte. Nicht nur im Falle des Tierschutzes wurde Artikel 20 a Grundgesetz herangezogen, um Aktionen zivilen Ungehorsams zu rechtfertigen.[27]

Aber nicht bloß mit Blick auf die inhaltlichen Anliegen, die die Aktivist*innen vertreten, wird auf die Verfassung Bezug genommen. Auch der Umfang dessen, was sie als legitime Protestform ansehen, kann den Anspruch erheben, von der Verfassung gedeckt und somit legal zu sein. So zum Beispiel, wenn sie versuchen, Sitzblockaden als Versammlungen anzumelden. Oben haben wir gesehen, dass das Bundesverfassungsgericht eine Unterscheidung macht zwischen symbolischen Blockaden, die von der Versammlungsfreiheit grundsätzlich geschützt sind, und selbstdurchsetzenden Verhinderungsblockaden, die nicht unter den Versammlungsbegriff fallen. Dieser Stand der Rechtsprechung ist aber alles andere als unumstritten und fügt sich in einen größeren Zusammenhang der Verfassungsrechtsprechung zur Versammlungsfreiheit ein.

Unser verfassungsrechtliches Verständnis der Versammlungsfreiheit wird bis heute geprägt von der ersten Entscheidung des Bundesverfassungsgerichts zur Versammlungsfreiheit, dem sogenannten Brokdorf-Beschluss von 1985.[28] Er steht im zeithistorischen Kontext der Friedens- und Umweltbewegung. Angesichts dieser gesellschaftlichen und weltpolitischen Lage – ein Jahr vor dem Reaktorunfall in Tschernobyl, in den letzten Zügen des Kalten Krieges – unternimmt das Bundesverfassungsgerichts den Versuch, in der «Risikogesellschaft» (Ulrich Beck) Protestbewegungen rechtlich zu regeln und gleichzeitig das Vertrauen in demokratische Partizipationsmöglichkeiten und Problemlösungsfähigkeiten zu stärken. Dabei betont der Beschluss wie keine zweite verfassungsgerichtliche Entscheidung die Bedeutung von Versammlungen für die Demokratie. Er unterstreicht den Wert von Widerspruch für die Legitimität repräsentativ-demokratisch vollzogener Kompromissfindung, da nicht alle gesellschaftliche Gruppen auf diesen Prozess tatsächlich gleichermaßen Einfluss nehmen können.[29]

Zwei Formulierungen stechen für unseren Zusammenhang besonders heraus. Die erste ist ein Zitat des Staatsrechtslehrers und Verfassungsrichters a. D. Konrad Hesse, welches sich das Gericht zu eigen macht. Versammlungen, so heißt es in der Entscheidung, «enthalten ein Stück ursprünglich-ungebändigter unmittelbarer Demokratie, das geeignet ist, den politischen Betrieb vor Erstarrung in geschäftiger Routine zu bewahren».[30] Darin kommt zum Ausdruck, dass auch und insbesondere repräsentativ organisierte Demokratien auf direktdemokratische Teilhabemöglichkeiten angewiesen sind, um Demokratie effektiv zu leben. Die zweite Formulierung knüpft an diese Erkenntnis an und differenziert die demokratische Bedeutung der Versammlungsfreiheit zum Ausgleich von Machtungleichgewichten innerhalb der Gesellschaft weiter aus:

> An diesem Prozess [der politischen Meinungsbildung, S. A.] sind die Bürger in unterschiedlichem Maße beteiligt. Große Verbände, finanzstarke Geldgeber oder Massenmedien können beträchtliche Einflüsse ausüben, während sich der Staatsbürger eher als ohnmächtig erlebt. In einer Gesellschaft, in welcher der direkte Zugang zu den Medien und die Chance, sich durch sie zu äußern, auf wenige beschränkt ist, verbleibt dem Einzelnen neben seiner organisierten Mitwirkung in Parteien und Verbänden im allgemeinen nur eine kollektive Einflussnahme durch Inanspruchnahme der Versammlungsfreiheit für Demonstrationen. Die ungehinderte Ausübung des Freiheitsrechts wirkt nicht nur dem Bewusstsein politischer Ohnmacht und gefährlichen Tendenzen zur Staatsverdrossenheit entgegen. Sie liegt letztlich auch deshalb im wohlverstandenen Gemeinwohlinteresse, weil sich im Kräfteparallelogramm der politischen Willensbildung im Allgemeinen erst dann eine relativ richtige Resultante herausbilden kann, wenn alle Vektoren einigermaßen kräftig entwickelt sind.[31]

Das Bundesverfassungsgericht stellt damit klar, dass auch Großdemonstrationen und plakative Ausdrucksformen von der Versammlungsfreiheit geschützt sind. Aus dem zitierten Abschnitt geht hervor, dass Mehrheitsentscheidungen durch Wahlen in einer repräsentativen Demokratie nur dann wirklich aussagekräftig sind, wenn es auch direktdemokratische Beteiligungsmöglichkeiten gibt und diese auch aktiv genutzt werden. Ähnlich wie schon Rawls in Bezug auf den zivilen Ungehorsam feststellte, erfüllen Versammlungen demnach eine «stabilisierende Funktion» für das repräsentative System, indem sie «Integrationsdefizite» sichtbar machen.[32] Dies verdeutlicht, dass Staat und Gesellschaft nicht im Gegensatz zueinander stehen, sondern sich in Versammlungskontexten produktiv begegnen.

Wenn wir uns diese Rechtsprechung und die sich daraus ergebende Stellung der Versammlungsfreiheit genauer ansehen, dann erscheinen auch kollektiv und öffentlich auf der Straße durchgeführte Aktionen zivilen Ungehorsams in einem anderen Licht.

Aus den beiden Zitaten wird deutlich, dass Störungen des öffentlichen Raums und des öffentlichen Verkehrs von der Versammlungsfreiheit nicht nur geschützt sind. Die Ordnung zu unterbrechen und durcheinanderzubringen ist inhärenter Bestandteil einer Gesellschaft, die sich ein Stück «ursprünglich-ungebändigter unmittelbarer Demokratie» erhalten will, um nicht ihr Zentrum erstarren zu lassen. Sitzblockaden und andere kollektiv ausgeführte Aktionen im öffentlichen Raum praktizieren diese ursprünglich-ungebändigte Unmittelbarkeit und testen die Grenzen der Versammlung aus.

Dabei kann es dazu kommen, dass eine Blockade die Grenzen dessen sprengt, was noch als legal anzusehen ist, weil sie zu intensiv in die Grundrechtspositionen anderer eingreift. Einen stundenlangen Stau zu verursachen und den öffentlichen Verkehr großflächig lahmzulegen, ist mehr als eine Lappalie und kann die ebenfalls durch die Verfassung geschützte Fortbewegungsfreiheit vieler Menschen verletzen. Aber erstens kann sich die Abwägung vielleicht verändern – zum Beispiel weil Gerichte mit zunehmender Verschärfung der Klimakrise den von zivil Ungehorsamen vertretenen Anliegen ein höheres Gewicht zumessen als der Fortbewegungsfreiheit von Kraftfahrer*innen. Oder weil sich mit einer veränderten Protestkultur unser Verständnis von Versammlung verändert. Es kann aber auch dabei bleiben, dass die Aktivist*innen nach einer nachvollziehbaren Bewertung der Gerichte den Bogen überspannen. Ist das aber Grund genug, die eine Blockade zu legalisieren und die andere als «Selbstaufgabe der Demokratie und des Rechtsfriedens» (Landgericht Heilbronn, siehe oben) zu bezeichnen?

Mit dieser zugegebenermaßen suggestiv gestellten Frage möchte ich darauf aufmerksam machen, dass ein Protest, der im Einzelfall unangemessen intensiv ausgefallen ist, nicht in einem Schwarz-Weiß-Schema bewertet werden sollte. Er ist im Einzelfall illegal. Die Gründe, die einen weniger intensiven Protest rechtfertigen, entfallen bei der intensiven Form aber nicht völlig. Und diese Gründe lassen sich, wenn auch nicht rechtlich mit einer legalisierenden, so doch mit einer gesellschaftlich legitimierenden Wirkung aufrechterhalten. In beiden Fällen bieten rechtsstaatlich motivierte Aktionen des zivilen Ungehorsams Interpretationen der Verfassung an, die in die Verfassungsgemeinschaft integriert werden können – oder die zumindest um eine solche Integration werben.

Drei Einwände: Rechtsunsicherheit, Neutralität, Sprengkraft

Auch wenn – oder besser: *gerade weil* – die zivil Ungehorsamen sich als Teil des demokratischen Rechtsstaats gerieren, regen sie zu einer Reihe von Einwänden an, die ich abschließend kurz aufgreifen will. Den zivilen Ungehorsam unter dem Gesichtspunkt der Verfassungsinterpretation zu deuten, legt offen, inwieweit die bereits eingangs aufgeführte Kritik an der Rechtsstaatsfeindlichkeit des Ungehorsams fehlgeht.

Erster Einwand: Rechtsunsicherheit. Der erste Einwand lässt sich am deutlichsten an einem Beispiel illustrieren: Im Februar 2022 setzten sich 13 Klimaaktivist*innen in Freiburg auf eine Brücke und blockierten über eine Stunde lang den Berufsverkehr. Die Blockade verlief friedlich, die Teilnehmenden waren kooperativ und ließen zu, dass eine Rettungsgasse gebildet wurde. Rund ein halbes Jahr später erging gegen zwei Teilnehmende dieser Blockade jeweils ein Urteil des Amtsgerichts Freiburg – mit sehr unterschiedlichem Ausgang. Während der eine Angeklagte freigesprochen wurde,[33] verhängte eine andere Richterin desselben Gerichts für den zweiten Angeklagten am folgenden Tag eine Geldstrafe wegen Nötigung.[34]

Eine Fallkonstellation, zwei Richter*innen, zwei Rechtsansichten, zwei unterschiedliche Urteile: Ist diese Rechtsunsicherheit nicht das Resultat einer Öffnung der Verfassungsinterpretation? Ziviler Ungehorsam bewegt sich an der Schnittstelle zwischen Legalität und Legitimität, indem er bestehende Gesetze oder Autoritäten infrage stellt und herausfordert, während er gleichzeitig auf moralische oder ethische Prinzipien und öffentliche Unterstützung setzt. Der zivile Ungehorsam tariert aus, wie weit der Rechtsstaat ein legitimes und sich aus der Verfassung ergebendes Anliegen mit Strafe verfolgt, bevor er sich an seinen eigenen Anspruch erinnert: Dass das, was Recht ist, auch gerecht sein soll. Dadurch verursachen Aktionen zivilen Ungehorsams aber auch Rechtsunsicherheit auf verschiedenen Ebenen. Indem Aktivist*innen gegen geltendes Recht verstoßen und die öffentliche Ordnung stören, zeigen sie auf, dass es innerhalb der Gesellschaft eben keinen Konsens über die Auslegung des Rechts und der Verfassung gibt: Ziviler Ungehorsam polarisiert. Wie die Fälle aus Freiburg zeigen, gilt das nicht nur auf der gesellschaftlichen, sondern auch auf der Ebene der Gerichte. Die Durchsetzung von Gesetzen und die Reaktion der Behörden auf zivilen Ungehorsam können variieren, was zu Unklarheit darüber führt, wie die Rechtslage genau aussieht und wie sie angewendet werden soll. Dies wirkt wiederum in Gesellschaft und Politik zurück und regt Diskussionen an, ob und wie ziviler Ungehorsam gerechtfertigt ist und welche Konsequenzen er haben sollte. Diese Diskussion kann den engeren thematischen Rahmen der Anwendung von Gesetzen verlassen und die Frage berühren, ob bestimmte Gesetze oder Regeln fair oder gerechtfertigt sind – was wiederum die Rechtsunsicherheit weiter verstärken kann, indem sie die Legitimität der bestehenden Rechtsordnung infrage stellt.

Ein Einwand gegen die Theorie zivilen Ungehorsams als Verfassungsinterpretation könnte deshalb darin bestehen, auf die Gefahr einer Relativierung des Verfassungskonsenses hinzuweisen. Denn wenn die Theorie stimmt, zeigen die Aktionen zivilen Ungehorsams – und insbesondere deren Nachspiel vor Gericht und in der politischen Diskussion – die Interpretationsoffenheit der Verfassung auf. Das kann sich negativ auf die Autorität der Rechtsprechung auswirken, wenn sie es nicht mehr schafft, Rechtssicherheit zu gewährleisten. Eine essenzielle Voraussetzung für einen funktionierenden Rechtsstaat liegt darin, dass Rechtsunterworfene von vornherein wissen, welches Verhalten rechtens ist und welches nicht.

Wichtiger als die Autorität der Institutionen ist in der Demokratie jedoch, die Autorität nicht autoritär werden zu lassen. Aktionen zivilen Ungehorsams bringen strittige Fragen vor Gericht, ins Parlament und in die öffentliche Diskussion. Unklarheiten über die rechtliche Situation können im Instanzenzug geklärt werden. Ziviler Ungehorsam schafft nicht nur Testfälle für die Verfassung, sondern auch für die Verfassungsgerichte, denen immer noch die Letztentscheidung zukommt. Die öffentliche Diskussion aufzumischen, damit sich der demokratische Rechtsstaat über das Funktionieren seiner Institutionen und Gesetze versichern kann: Darin besteht gerade die rechtsstaatliche Funktion des zivilen Ungehorsams, die in diesem Kapitel im Zentrum steht.

Zweiter Einwand: Neutralitätsgebot. Der zweite Einwand gegen die Auffassung, den zivilen Ungehorsam als Verfassungsinterpretation zu verstehen, entspricht einem Kritikpunkt, der sehr häufig gegen Aktionen des zivilen Ungehorsams selbst vorgebracht wird: Er richtet sich darauf, wie denn bitte zwischen «guten» und «schlechten» Bezugnahmen auf die Verfassung unterschieden werden soll. Denn nicht nur Klimaaktivist*innen beziehen sich auf die Verfassung, um ihre Proteste und ihren Ungehorsam zu rechtfertigen. Wir haben in ersten Kapitel ein Kriterium eingeführt, mit dem wir vermeintliche Bezugnahmen auf die Verfassung als Interpretation ausschließen können, weil sie mit dem Kerngedanken von Freiheit und Gleichheit unvereinbar sind. Wie ist es aber in Fällen, die nicht ganz so offensichtlich sind? Entscheiden können wir diese Fragen immer nur im Einzelfall.

Sehen wir uns einen solchen Einzelfall also an. Worin unterscheidet sich zum Beispiel eine Sitzblockade von Klimaaktivist*innen von den «Mahnwachen» von Abtreibungsgegner*innen? Seit Jahren protestierten diese unter anderem in Frankfurt am Main vierzig Tage lang in der Fastenzeit vor Beratungsstellen für Frauen, die einen Schwangerschaftsabbruch durchführen wollen. Zum großen Teil bestand der Protest daraus, in unmittelbarer Nähe der Beratungsstelle zu beten und damit die Frauen mit Parolen gegen Abtreibung zu konfrontieren. Zum Teil blockieren Abtreibungsgegner*innen aber auch den Eingang von Beratungsstellen oder bedrängen Personen, die die Beratungsstelle aufsuchen wollten.[35]

Auch solche «Mahnwachen» beziehungsweise Gehsteigbelästigungen beziehen sich auf die Verfassung. Sie interpretieren den Satz «Jeder hat das Recht auf Leben und körperliche Unversehrtheit» in Artikel 2 Absatz 2 Grundgesetz dahingehend, dass das ungeborene Leben nicht nur diesen Schutz verdient, sondern dass es in jedem Fall das Recht von schwangeren Frauen überwiegt, ihre Schwangerschaft abzubrechen. Angesichts der Aufmerksamkeit, den Staus und Auswirkungen, die die Sitzblockaden von Klimaaktivist*innen verursacht haben, sind die «Mahnwachen» weniger öffentlichkeitswirksam. Sie treffen nur einzelne Personen, und zwar die Frauen, die eine Schwangerschaft abbrechen wollen und von Gesetzes wegen dazu verpflichtet sind, zuvor eine entsprechende Beratungsstelle aufzusuchen.

Gerade diese Individualisierung von Personen, die von den Blockaden betroffen sind, macht die Mahnwachen aber sowohl verfassungsrechtlich als auch moralphilosophisch zu einem anders gelagerten Fall. Denn den Mahnwachen geht es erstens um mehr als eine symbolische Wirkung. Es ist nicht vornehmlich die Öffentlichkeit, sondern es sind die schwangeren Frauen selbst, die sie ansprechen, um diese an einem Schwangerschaftsabbruch zu hindern. Zweitens kommen wir in diesem Fall, was das Anliegen betrifft, mit dem Kriterium der Freiheit und Gleichheit nicht weiter. Abtreibungsgegner*innen setzen sich ihrer eigenen Ansicht zufolge dafür ein, dass die Rechte des ungeborenen Lebens geschützt werden, das sich nicht selbst verteidigen kann. Ob die Rechte des ungeborenen Lebens die Rechte von Frauen über ihren eigenen Körper überwiegen, ist gerade der Interpretationskonflikt, den diese Proteste austragen wollen. Eine andere Perspektive ergibt sich jedoch in Bezug auf die Protestform. Diese unterscheidet sich nicht nur in der beabsichtigten Verhinderungswirkung von den Blockaden der Klimaaktivist*innen auf der Straße (im Hinblick auf die Individualisierung der Betroffenen). Sie weist auch einen anderen Umgang mit der Freiheit und Gleichheit der schwangeren Frauen auf.

Setzen sich die zivil Ungehorsamen auf die Straße, um Kraftfahrzeuge an der Weiterfahrt zu hindern, dann setzen sie ihre eigenen Körper *in ihrer Verletzlichkeit* ein. Der Mut, den es erfordert, dieses Risiko einzugehen, ist der Grund, warum diese Proteste so viel Aufmerksamkeit erlangen. Die andere Seite dieses Mutes ist der Zwang, den Kraftfahrzeugführer*innen fühlen, wenn sie mit ihren Autos vor den Sitzenden stehen. Es ist ein Zwang, sich damit auseinanderzusetzen, was Menschen dazu veranlasst, dieses Risiko einzugehen. Dieses Risiko können wir nachempfinden, weil auch unsere eigenen Körper verletzlich sind.[36]

Bei den Mahnwachen gestaltet sich dieses Verhältnis anders.

Eine Gruppe von Personen versucht, eine einzelne Person an einem Schwangerschaftsabbruch zu hindern. Die betroffene Person ist also selbst diejenige, die sich in einer vulnerablen Position befindet – nicht die Protestierenden. Während in dem einen Fall die eigene Verletzlichkeit als Protestmittel eingesetzt wird, wird in dem anderen Fall die Verletzlichkeit der anderen ausgenutzt. Die Wirkung der Mahnwachen ist keine, die auf dem Mut der Selbstexposition basiert, sondern auf Einschüchterung. Während der Einsatz der eigenen Verletzlichkeit in dem einen Fall an unsere eigene Verletzlichkeit appelliert und so zugleich an eine fundamentale Gleichheit aller Menschen erinnert, setzt die Mahnwache die Verletzlichkeit der schwangeren Frauen als Druckmittel ein. Das Beispiel verdeutlicht: Weil nicht nur das Protestanliegen, sondern auch die Protestform Stellung zur Verfassung bezieht, kann nicht nur das Anliegen, sondern auch seine Artikulationsform Freiheit und Gleichheit verletzen. Neutralität sollte daher kein unbedingter Anspruch sein. Die Bewertung von Aktionen zivilen Ungehorsams kann sich an dem zentralen Anspruch der Verfassung orientieren, Freiheit und Gleichheit zu gewährleisten.

Dritter Einwand: Der Anspruch auf Integration raubt dem Ungehorsam seine Sprengkraft. Der dritte Einwand richtet sich nicht gegen den Rechtsungehorsam, sondern bezieht sich auf das Attribut «zivil». Vergleichen wir die Ansätze in der politischen Theorie mit den Wertungen, die die Gerichte vorgenommen haben, stellen wir fest: Sie decken sich in vielen Punkten. Die Integration des zivilen Ungehorsams gelingt in vielen Fällen, weil die Kriterien, die die Aktivist*innen sich selbst auferlegen, sich aus den Maßgaben des Rechtsstaats ergeben. In diesen Fällen dient der zivile Ungehorsam also der Verteidigung der Verfassung: Er setzt auf die grundsätzliche Anerkennung der Verfassung und auf das Vertrauen in deren Integrationsleistung.

Dadurch, so der Einwand, wird der Protest aber auch seiner dramatisierenden Sprengkraft beraubt. Aufmerksamkeit und Wirkung erlangt der zivile Ungehorsam im Vergleich zu einer unproblematischen legalen Versammlung durch den besonderen Mut, den der bewusste Gesetzesbruch mit sich bringt. Die Aufopferungsbereitschaft der Ungehorsamen unterstreicht ihre Authentizität und die Ernsthaftigkeit, mit der sie ihre Position vertreten. Dagegen kann aus politisch-strategischen Gründen allerdings einerseits eingewendet werden, dass in den oben genannten Fällen die Aufmerksamkeit ja bereits durch das Strafverfahren gewährleistet wird. Dass die Ungehorsamen dann auch noch freigesprochen wurden, weil ihre Handlungen als gerechtfertigt angesehen wurden, stärkt ihre Position. Durch die strafrechtliche Rechtfertigung wird der zivile Ungehorsam als legitimes Mittel des politischen Protests anerkannt, was eine breitere gesellschaftliche Akzeptanz und Unterstützung nach sich ziehen kann. Dadurch werden gesellschaftliche Bewegungen wiederum in die Lage versetzt, einfacher neue Unterstützung zu mobilisieren; die Angst vor der Sanktionierung sinkt. Außerdem kann eine Anerkennung durch die Gerichte dazu beitragen, dass der Fokus der Debatte sich weg von der Frage der Legalität der Aktion hin zu dem eigentlichen Anliegen der zivil Ungehorsamen bewegt.

Schwerer wiegt daher andererseits die Überlegung, ob eine Anerkennung durch und Integration in die Institutionen überhaupt das gewünschte Ziel der Aktionen sein kann. Denn eine Integration des zivilen Ungehorsams durch strafrechtliche Rechtfertigung könnte zugleich als eine Legitimation des Status quo verstanden werden. Ergeht ein Urteil oder ein Gesetz zugunsten der gesellschaftlichen Bewegungen, die zivilen Ungehorsam ausüben, wie zum Beispiel der Klimabeschluss oder eine Legalisierung des Whistleblowings, dann nehmen sie den Protesten zugleich den Wind aus den Segeln. Wenn man einen Teil dessen bekommen hat, wofür man protestiert, dann wird es schwieriger, weiter für das eigene Anliegen zu mobilisieren. Reformistische Teilerfolge drohen auf diese Weise, radikale Neuveränderungen zu verhindern. Die Grundvoraussetzung eines integrativen Ansatzes ist es, dass die Ordnung, in die die Integration stattfinden soll, eine gute und gerechte ist. Was ist jedoch, wenn Proteste gerade diese Annahme hinterfragen wollen? Wenn sie nicht auf Stabilität abzielen, sondern auf tiefgreifende Veränderungen?

3
Fundamente infrage stellen

Am 9. August 2014 wurde Michael Brown, ein unbewaffneter Schwarzer Teenager, in Ferguson, Missouri, von einem weißen Polizeibeamten erschossen. Nachdem ein Geschworenengericht im November 2014 beschloss, den verantwortlichen Polizeibeamten nicht anzuklagen, brachen in Ferguson gewaltsame Proteste aus. Die Polizei reagierte mit einem massiven Einsatz von Tränengas, Gummigeschossen und anderen militarisierten Taktiken, was landesweit und international Aufmerksamkeit erregte. Der Fall war die Initialzündung für die bis heute aktive *Black-Lives-Matter*-Bewegung.

Im Jahr 2013 enthüllte Edward Snowden, ein ehemaliger Mitarbeiter des US-Nachrichtendienstes NSA (*National Security Agency*) vertrauliche Dokumente, die massive Überwachungsprogramme der US-amerikanischen Regierung aufdeckten. Diese Programme umfassten die Massenüberwachung von Telefon- und Internetkommunikation sowohl in den USA als auch im Ausland. Snowden, der als IT-Spezialist für verschiedene staatliche Organisationen gearbeitet hatte, kopierte die Dokumente und übergab sie einer Gruppe von Journalist*innen. Snowdens Handlungen lösten eine internationale Debatte über Datenschutz, Bürgerrechte und staatliche Überwachung aus. Nach den Enthüllungen floh Snowden aus den Vereinigten Staaten und erhielt vorübergehend Asyl in Russland, wo er bis heute lebt und mittlerweile die Staatsbürgerschaft erhalten hat.

Am 17. September 2011 besetzte eine Gruppe von Aktivist*innen den Zuccotti Park im Finanzviertel von New York City, um gegen wirtschaftliche Ungleichheit, den Einfluss von Großunternehmen auf die Politik und die sozial ungerecht verteilten Folgen der Finanzkrise zu protestieren. Die Bewegung verstand sich als «direkte Aktion».[1] Gemeint sind damit Handlungen, durch die Menschen direkten Einfluss auf politische, wirtschaftliche oder soziale Verhältnisse nehmen, ohne sich dabei auf traditionelle politische Institutionen zu verlassen. Sie entwickelte sich schnell zu einem landesweiten Phänomen, ähnliche Proteste fanden auch vor der Europäischen Zentralbank in Frankfurt am Main statt. Unter der Überschrift «We are the 99%» organisierte sich die Bewegung dezentralisiert und ohne konkrete Forderungen. Die Besetzung der jeweiligen Plätze dauerte mehrere Monate an.

Was haben diese Proteste gemeinsam? Nach den in Kapitel 2 formulierten Anforderungen an den zivilen Ungehorsam würde keines dieser Beispiele alle Rechtfertigungskriterien erfüllen. Symbolisch oder direkt, öffentlich oder geheim, gewaltlos oder unfriedlich, Strafverfolgung akzeptierend oder Strafverfolgung vermeidend: In diesem Kapitel möchte ich mithilfe radikaldemokratischer Theorieansätze ein Verständnis des zivilen Ungehorsams vorstellen, das sich von den bisher diskutierten Ansätzen unterscheidet: Statt Integration in die Ordnung des demokratischen Rechtsstaats dient der zivile Ungehorsam in dieser Funktion nunmehr der Infragestellung und Unterbrechung ebenjener Ordnung.

Um diese Konzeption zivilen Ungehorsams, die ich *radikaldemokratisch* nenne, zu entwickeln, werde ich zunächst einige Grundannahmen vorstellen, die hinter dieser Bezeichnung und der damit zusammenhängenden Theoriedebatte stehen.

Radikale Demokratietheorie

Wie wir im vorangegangenen Kapitel gesehen haben, steht «rechtsstaatlichen» Konzeptionen zufolge der zivile Ungehorsam in keinem Widerspruch zum demokratischen Rechtsstaat. Er ist vielmehr Teil der demokratisch-rechtsstaatlichen Ordnung, um erstens punktuelle Abweichungen in einer grundsätzlich gerechten Ordnung auszugleichen; zweitens drückt der zivile Ungehorsam Loyalität gegenüber der Verfassung aus; und drittens rechtfertigt er eine Ausnahme vom demokratischen Mehrheitsprinzip, und zwar insbesondere zum Schutz von Minderheitenrechten. Diese Auffassung gehört zu einem liberalen beziehungsweise deliberativen Mindset, das wiederum auf zwei Grundannahmen basiert, die in unserem Zusammenhang entscheidend sind: Zum einen gehen rechtsstaatliche Konzeptionen des zivilen Ungehorsams davon aus, dass wir in einer grundsätzlich gerechten und demokratischen Gesellschaft leben. Sie sind Teil einer größeren Anstrengung, den demokratischen Rechtsstaat zu legitimieren. Zum anderen stellen sie in das Zentrum ihrer Überlegungen eine Verfassung, die als gesellschaftlicher Grundkonsens funktioniert. Innerhalb des liberalen und deliberativen Programms wird der zivile Ungehorsam dementsprechend als ein Appell und eine Erinnerung an diesen gemeinsamen Grundkonsens gelesen, von dem angenommen wird, dass wir ihn vernünftigerweise teilen beziehungsweise teilen sollten.

Dass aber auch dieser Konsens in der Demokratie nicht unhinterfragt bleiben kann, ist ein Gedanke, der uns bereits unter dem Stichwort der «Fundamentlosigkeit» begegnet ist: «Der freiheitliche, säkularisierte Staat lebt von Voraussetzungen, die er selbst nicht gewährleisten kann.» Auf die Demokratie angewendet, erschließt dieser Satz eine ihrer Kerneigenschaften: In der Demokratie kann sich keine Wahrheit absolut festsetzen, kein Gesetz kann unbedingt gelten. Alles muss sich ändern *können*, weil das Recht in der Hand der Rechtsunterworfenen liegt. Obwohl der Terminus «radikale Demokratietheorie» ein Sammelbegriff für zum Teil sehr unterschiedliche Denkansätze ist, die aus disparaten Theoriequellen schöpfen und auch nicht immer die gleiche Stoßrichtung haben, teilen sie alle einige Grundeinsichten: Sie akzeptieren nicht nur die Fundamentlosigkeit demokratischer Ordnung, sondern sie affirmieren diese auch. Radikal (von lat. *radix* = Wurzel) heißt in diesem Sinne, bis an die Wurzel der Dinge zu gehen oder mit anderen Worten: an den Fundamenten zu rütteln.

Zweitens hinterfragen radikale Demokratietheorien die Vorstellung politischer Subjektivität, wie sie in liberalen, deliberativen und republikanischen Ansätzen vertreten wird. Das umfasst zum Beispiel die Vorstellung von rational agierenden Individuen, aber auch die besonderen Ausschlussmechanismen von demokratischen Ordnungen, die mit dem Konzept der Staatsbürgerschaft zusammenhängen.

Beginnen wollen wir aber mit der Kritik radikaldemokratischer Theorien am liberalen Paradigma und seiner Konsensorientierung. Radikale Demokratietheorie positioniert dagegen den Konflikt als das eigentlich «Politische» respektive «Demokratische».

Konflikt statt Konsens. 2010 wurde der Begriff «alternativlos» zum Unwort des Jahres gewählt. In der Jury-Entscheidung dazu hieß es:

> Das Wort suggeriert sachlich unangemessen, dass es bei einem Entscheidungsprozess von vornherein keine Alternativen und damit auch keine Notwendigkeit der Diskussion und Argumentation gebe. Behauptungen dieser Art sind 2010 zu oft aufgestellt worden, sie drohen, die Politikverdrossenheit in der Bevölkerung zu verstärken.[2]

Die radikaldemokratische Forschung setzt an dieser Beobachtung an, an diesem sogenannten «TINA-Prinzip»: *There is no alternative* (Es gibt keine Alternative). Zu behaupten, dass naturwissenschaftliche Erkenntnisse, wirtschaftliche Zwänge oder rechtliche Vorgaben nur eine mögliche Lösung diktieren, prägte die Regierungszeit von Angela Merkel, an die sich die Kritik gegen «alternativlos» als «Unwort des Jahres» vor allem richtete.

Das von der Jury aufgegriffene Gefühl der Politikverdrossenheit lässt sich genauer fassen als das Gefühl, in der Demokratie als einzelne Bürgerin eigentlich nichts mehr zu sagen zu haben; dass demokratische Teilhabe so abstrakt und fern geworden ist, dass sie den Namen nicht mehr verdient. Der französische Philosoph Jacques Rancière hat diese Kritik mit dem Begriff «Post-Demokratie»[3] zusammengefasst: Liberale Demokratien setzen auf Repräsentation und Zustimmung, statt auf direkte und aktive Teilhabe der Bürger*innen im politischen Prozess, wie es in der antiken Versammlungsdemokratie der Fall war. Demokratische Legitimation wird vor allem durch Wahlen erreicht, bei denen Bürger*innen ihre Stimme abgeben. Diese Ausrichtung führt zu einer starken Formalisierung politischer Entscheidungen, die in Parlamenten getroffen und wiederum mit Expert*innen beraten sowie von Lobbyist*innen beeinflusst werden. Verfassungsgerichte überprüfen diese Entscheidungen, basierend auf ihrer eigenen rechtlichen Expertise. Auch an diesem Prozess, so der Postdemokratie-Befund, sind Bürger*innen nicht aktiv beteiligt, obwohl auf diesen Ebenen die wesentlichen politischen Entscheidungen getroffen werden. Diese Institutionalisierung, die Verlagerung von Entscheidungs- und Einflussmacht an Expert*innen, Lobbyist*innen und die Verfassungsgerichte, führt laut Rancière und anderen radikaldemokratischen Autor*innen zu einer De-Politisierung der Politik.

Eine der einflussreichsten Autor*innen dieser Theorietradition ist die bereits vorgestellte Chantal Mouffe. Und eines ihrer Kernanliegen liegt darin, der Rhetorik der Alternativlosigkeit den Konflikt als Modus des Politischen entgegenzusetzen. Diesem Ergebnis geht eine Reflexion liberaler und deliberativer Ansätze voran. Ähnlich wie Habermas geht sie dabei davon aus, dass liberale und republikanische Theorien in ihren Versuchen, den Kern demokratischer Politik zu bestimmen, eine Lücke hinterlassen. Die Werte des Liberalismus wie persönliche Freiheit und Menschenrechte sind nach Mouffe nicht notwendigerweise demokratisch. Ebenso sind die republikanischen Werte der Volkssouveränität und Gleichheit nicht zwangsläufig liberal. Daraus ergibt sich für sie ein «demokratisches Paradox»,[4] denn es hat den Anschein, als könnten moderne Demokratien nicht allen Ansprüchen – den liberalen *und* den republikanischen – gleichermaßen gerecht werden.

Für Mouffe tendieren liberale (resp. neoliberale) Ordnungen dazu, Demokratie mit Rechtsstaatlichkeit gleichzusetzen, was die Politik entpolitisiere. Wenn wir zum Beispiel in einer Debatte über Corona-Maßnahmen die eigentlich politische Entscheidung an die Wissenschaft oder die Verfassungsgerichte abgeben, um eine möglichst grundrechtsschonende Lösung zu finden, dann verlagern wir, so könnte man mit Mouffe formulieren, den politischen Konflikt aus der politischen Arena auf eine Ebene, die nur für einige wenige Expert*innen und Jurist*innen zugänglich ist.

Die Idee der «Gleichursprünglichkeit» von Menschenrechten und Volkssouveränität bei Habermas löst für Mouffe das Paradox nur scheinbar auf. Das deliberative Modell überzeugt sie nicht, weil es letztendlich auf den vernünftigen Diskurs setzt. Dadurch wird der Konflikt wiederum rationalisiert und von der eigentlich politischen Bühne entfernt.

Aber was soll dieses «eigentlich Politische» sein? Radikaldemokratische Ansätze lenken die Aufmerksamkeit auf eine wichtige Unterscheidung im Herzen der Demokratie, die sie als Differenz des «Politischen» und der «Politik» fassen. Wir sind es gewohnt, die Politik insbesondere auf den Prozess der Entscheidungsfindung, Gesetzgebung und Verwaltung in einer Gesellschaft zu beziehen. «Politik» beschreibt also die Seite der politischen Institutionen. Mit dem Begriff des «Politischen» geht es radikaldemokratischen Theorien hingegen um die Machtbeziehungen, Konflikte und Widersprüche, die den politischen Institutionen und deren Funktionieren *zugrunde liegen*. Beim Politischen – im Gegensatz zur Politik – stehen daher Fragen der Identität, Gerechtigkeit und Machtverteilung im Zentrum, die allesamt über den formellen und institutionellen Prozess hinausgehen. Mit der Rede vom «Politischen» setzen radikaldemokratische Theorien also den Akzent auf die Auseinandersetzung mit diesen grundlegenden Fragen, die für die Schaffung einer gerechten und lebendigen Demokratie von entscheidender Bedeutung sind. Wie wir sogleich sehen werden, findet der radikaldemokratisch verstandene zivile Ungehorsam hier einen Angriffspunkt, um zu diskutieren, wie beispielsweise durch den «vernünftigen Diskurs» oder durch nationalstaatliche Grenzen Menschen ausgeschlossen werden, ohne dass dieser Ausschluss als Gerechtigkeitsproblem ausreichend erkannt und behandelt wird.

Die Unterdrückung des politischen Konflikts durch die Rhetorik der Alternativlosigkeit beziehungsweise durch Verlagerung auf einen vernünftigen Diskurs führt Chantal Mouffe und Ernesto Laclau zufolge aber nicht dazu, dass die Konflikte und gesellschaftlichen Spannungslagen verschwinden oder aufgelöst werden.[5] Vielmehr würden die Politisierungspotenziale des unterdrückten Konflikts von rechtspopulistischen Bewegungen aufgegriffen und instrumentalisiert.

Mouffe und Laclau wundert es also nicht, dass die Politik der Alternativlosigkeit zu Parteien wie der «Alternative für Deutschland» führen kann. Sie plädieren dafür, dem Rechtspopulismus im agonistischen Stil einen Linkspopulismus entgegenzusetzen.[6] Für sie ist der Populismus an sich nicht notwendigerweise negativ. Sie argumentieren, dass Populismus eine legitime Form der politischen Mobilisierung sein kann, die darauf abzielt, die politische Macht an die «unterdrückte» Bevölkerung zurückzugeben und die politische Elite herauszufordern. Der linke Populismus zielt insbesondere Mouffe zufolge darauf ab, die Interessen und Forderungen der sozialen und wirtschaftlichen Randgruppen zu artikulieren und zu vertreten.

Auch wenn damit ein ausdrücklich emanzipatorisches, inklusives und gerade kein identitäres Anliegen im Vordergrund steht, sehe ich den richtigen Ort für dieses Anliegen nicht nur in den Parteien und im Parlament, sondern auch im Protest. Denn wie bereits angedeutet, greifen Aktionen zivilen Ungehorsams tiefgreifende Konflikte auf und verhandeln sie. Ob das der Kampf gegen übermächtige Banken und die negativen Folgen des Kapitalismus ist wie im Falle von *Occupy*, ob es gegen rassistische Strukturen wie im Falle von *Black Lives Matter* oder gegen Überwachungsmaßnahmen unter dem Gesichtspunkt einer undemokratischen Staatsräson wie im Falle von Snowden geht: Ziviler Ungehorsam lebt den Konflikt aus, anstatt ihn zu rationalisieren oder zu unterdrücken. Radikaldemokratisch verstanden, besteht seine Funktion dann nicht mehr nur darin, den Konsens zu finden, sondern die Widersprüche, Machtungleichgewichte und strukturellen Gerechtigkeitsdefizite aufzuzeigen, die dem – dann nur vermeintlichen – Konsens vorausgehen. Einige der zentralen Widersprüche und einen potenziell radikaldemokratischen Umgang mit ihnen werde ich im Folgenden aufzeigen.

Ziviler Ungehorsam als Praxis der Infragestellung

Um ein radikaldemokratisches Verständnis des zivilen Ungehorsams zu entwickeln, werde ich in drei Schritten vorgehen. Zunächst einmal muss meine These vom zivilen Ungehorsam als Verfassungsinterpretation modifiziert werden: In der radikaldemokratischen Praxis ist ziviler Ungehorsam keine konstruktive Interpretation, sondern als Infragestellung «dekonstruktiv». Er dekonstruiert zum einen die zentralen Voraussetzungen der rechtsstaatlichen Konzeption. Das ist für den Liberalismus die Vorstellung von subjektiven Rechten, insbesondere Freiheitsrechten.

Der Liberalismus erweckt zudem den Eindruck, dass alle in der Verfassungsordnung aufgehoben sind; radikaldemokratischer Ungehorsam kann dagegen zweitens die Ausschlüsse aufzeigen, die die Demokratie hervorbringt. Der deliberative Ansatz von Habermas geht von einem öffentlichen und vernünftigen Diskurs aus, der eine idealen Sprechsituation voraussetzt. Öffentlichkeit, Vernunft und die Gleichheit im Diskurs sind ebenfalls Prämissen, die aus radikaldemokratischer Perspektive einer Prüfung unterzogen werden müssen.

Sind die Grundbedingungen rechtsstaatlicher Konzeptionen zivilen Ungehorsams aber infrage gestellt, dann steht auch drittens in Zweifel, ob sich die von diesen Konzeptionen aufgestellten Rechtfertigungskriterien aufrechterhalten lassen. Denn diese resultieren aus dem Entwurf einer gerechten politischen Ordnung, die auf den oben genannten Voraussetzungen basiert. Zuletzt werden wir uns daher anhand konkreter Beispiele ansehen, wie der zivile Ungehorsam die Frage seiner eigenen «Zivilität» thematisiert. Auch die Kriterien der Öffentlichkeit, Verhältnismäßigkeit und Gewaltlosigkeit sind vor der Dekonstruktion nicht gefeit. Der

Ungehorsam dient dann nicht nur als Appell; als Infragestellungspraxis will er die Ordnung stören, um die diskursiven Verhältnisse nachhaltig zu verändern.

Dekonstruktion statt Interpretation. Dekonstruktion bezeichnet ein philosophisches Vorgehen, das die überkommenen Verständnisse, in denen wir denken und leben, auf fundamentaler Ebene hinterfragt und damit beginnt, ihren Sinn für neue Verständnisse zu öffnen. Sie zielt darauf ab, die inhärenten Widersprüche und Hierarchien in Texten, Ideen oder Konzepten aufzudecken. Teil dieses Prozesses ist es, die Kontextabhängigkeit und Mehrdeutigkeit von Bedeutungen herauszuarbeiten und zu zeigen, wie Sprache und Denken durch historische, kulturelle und soziale Kontexte geprägt sind. Diese Praxis der Infragestellung, die auch radikaldemokratischen Ansätzen eigen ist, möchte ich mit einem weiteren Impuls aus der Rechtswissenschaft verbinden. Ein Teil der Rechtswissenschaft, der sich selbst als Rechtskritik versteht, nutzt die Dekonstruktion, um traditionelle Rechtsvorstellungen und -strukturen zu hinterfragen. Diese Bewegung, die sich unter dem Namen *Critical Legal Studies* lose zusammengetan hat, bemüht sich um eine Untersuchung, wie Recht und Macht miteinander verbunden sind und wie rechtliche Normen und Institutionen soziale Ungleichheiten reproduzieren können.[7] Durch die Anwendung einer dekonstruktiven Herangehensweise versuchen sie, die inhärenten Widersprüche und Ungerechtigkeiten im Recht aufzudecken und alternative Interpretationen und Perspektiven auszuweisen.

Denn das Rechtssystem ist ein Musterbeispiel dafür, wie Unterscheidungen getroffen und Prämissen gesetzt werden, die mit Macht Ausschlüsse produzieren, welche sich als problematisch erweisen können. Ich erinnere an dieser Stelle an die Rechtsprechung zum Gewaltbegriff, die im ersten Kapitel thematisiert wurde. Machtvoll sind rechtliche Unterscheidungen und Prämissen schon allein deswegen, weil das Recht mit Zwang durchgesetzt werden kann. Darüber hinaus aber hat das Recht auch eine definitorische Macht: Es kann mit Autorität Aussagen darüber treffen, wie etwas zu verstehen ist, und diesen Sinn festsetzen.

Dekonstruktion aus Sicht der kritischen Rechtswissenschaft heißt dann, die interpretative Autorität rechtlicher Begriffe aufzubrechen. Das bedeutet, die Unterscheidungen und Gegensätze – die *Dichotomien* – ausfindig zu machen, die das Recht vornimmt.[8] In den *Critical Legal Studies* ist ein Beispiel für einen Begriff, der einen Unterschied macht, das Eigentum und all die Positionen und Rechte, die damit einhergehen und die sich auf die andere Seite der Unterscheidung auswirken, also auf diejenigen, die das Eigentum an einer Sache nicht haben. Ein anderes klassisches Beispiel, auf das ich unten noch zurückkommen werde, ist der Gegensatz zwischen privat und öffentlich. Denn auch aus diesem Gegensatz folgt eine Reihe von rechtlichen und anderweitigen sozialen und wirtschaftlichen Konsequenzen.

Dekonstruktion in diesem Sinne kann und soll das Begriffssystem und damit auch das dahinterliegende Denksystem aufrütteln. Wie das aussehen kann, lässt sich an den liberalen und deliberativen Theorieannahmen demonstrieren.

Infrage stellen, Teil I: Das liberale Paradigma

John Rawls und Jürgen Habermas haben uns Rechtfertigungen des zivilen Ungehorsams als Teil ihrer theoretischen Begründungen des demokratischen Rechtsstaats angeboten. Rechtsstaatlichkeit setzt Staaten mit Grenzen und Staatsangehörigen als Träger*innen subjektiver Rechte voraus, die durch den Rechtsstaat gewährt und geschützt werden können. Diese beiden nahezu selbstverständlichen Annahmen des Rechtsstaats sollen nunmehr im Fokus stehen.

Paradoxie der Rechte. Eine wesentliche Funktion von Verfassungen und ein Grundpfeiler liberaler Theorien sind subjektive Rechte. Das sind Rechte, die einem Individuum durch die Rechtsordnung zugesprochen werden und die die individuelle Freiheit und die Interessen der Person schützen. Subjektive Rechte stellen Ansprüche bereit, die das Individuum gegenüber dem Staat und gegenüber anderen geltend machen kann.

Viele soziale Bewegungen der Gegenwart und Vergangenheit haben mit ihren Protesten und Aktionen zivilen Ungehorsams mehr subjektive Rechte beziehungsweise einen besseren Schutz ihrer Rechte eingefordert. So hat sich beispielsweise die Frauenbewegung in den letzten Jahren im Rahmen der *#Metoo*-Debatte wieder vermehrt für das Recht auf sexuelle Selbstbestimmung eingesetzt beziehungsweise gegen Diskriminierung am Arbeitsplatz aufgrund des Geschlechts. Auch eine Entscheidung des US-Supreme-Courts, des höchsten amerikanischen Verfassungsgerichts, aus dem Jahr 2022, wodurch der verfassungsrechtliche Schutz des Rechts auf Abtreibung aufgehoben wurde, hat wiederum die Frauenbewegung angestoßen, sich für dieses Recht einzusetzen. Je mehr Rechte, desto besser?

Die politische Theoretikerin Wendy Brown hat mit ihrer Formulierung einer «Paradoxie der Rechte» auf die Zweischneidigkeit aufmerksam gemacht, die der Ruf nach mehr Rechten mit sich bringt:

> Die Paradoxie liegt [...] darin, daß Rechte, die eine Bestimmung unserer Leiden, Verletzungen oder Ungleichheit enthalten uns in eine Identität einschließen, die durch Unterordnung definiert ist; wohingegen Rechte, die solche Bestimmtheit vermeiden, nicht nur die Unsichtbarkeit unseres Unterworfenseins aufrechterhalten, sondern sie sogar noch verstärken können.[9]

Ohne die entsprechende Gleichstellung und Förderung von Frauen auf rechtlichem Wege wäre die Gleichberechtigung nicht genauso schnell und effizient umgesetzt worden. Rechte zum Schutz von Frauen denken aber immer noch aus einer Sicht, in der Frauen Männern untergeordnet sind und Hilfe brauchen. Der Kampf um mehr Selbstbestimmung, der mit der Überlegenheit der männlichen Position argumentiert, läuft Gefahr, ebenjenes Machtverhältnis vorauszusetzen und dadurch unbewusst zu verfestigen. Unklare und unbestimmte Regelungen gegen Diskriminierung, die dieses Machtverhältnis aber nicht klar benennen, drohen wiederum, ineffektiv zu sein oder als Augenwischerei weitere Diskriminierung hinter vermeintlichen Schutzregelungen zu verdecken. Das zeigt nicht zuletzt die *#Metoo*-Debatte. Gleichzeitig besteht aber immer noch ein Machtverhältnis zu Ungunsten von Frauen, das nicht einfach ignoriert werden kann. Vor diesem Hintergrund kann man den rechtlichen Schutz vor Diskriminierung auch nicht «nicht wollen», was beispielsweise der Kampf um das Recht auf Abtreibung verdeutlicht.

Nach Brown löst eine Verbesserung unserer rechtlichen Situation also nicht unbedingt das Problem der Ungleichheit und Unterordnung. Sie argumentiert, dass das moderne liberale Projekt, das auf der Idee individueller Rechte und Freiheiten basiert, paradoxerweise Mechanismen schafft, die diese Rechte gefährden können. Rechtliche Rahmenbedingungen, die entwickelt wurden, um individuelle Freiheiten zu schützen, können dazu verwendet werden, um bestimmte Gruppen zu diskriminieren oder auszuschließen.

Ein anderes Beispiel für dieses Dilemma bietet der Begriff der «Rasse» im deutschen Grundgesetz. Eigentlich dient er im Gleichheitssatz des Artikels 3 Absatz 3 Grundgesetz dazu, nicht nur Diskriminierungen wegen «Rasse», sondern das «Rassendenken» des Dritten Reiches zu überwinden und die Kategorie gänzlich abzuschaffen. Konsequenterweise müsste der Begriff also eigentlich gestrichen werden. Würden wir ihn aber streichen, dann hätten wir weniger konkrete rechtliche Handhabungsmöglichkeiten, um die – immer noch vorhandenen – Diskriminierungen aufgrund von «Rasse» zu benennen und zu bekämpfen. Die Paradoxie der Rechte lässt sich daher nicht einfach auflösen.

Rechte und das Recht selbst können im Umgang mit ihren eigenen Paradoxien keine Abhilfe bieten, weil sie auf Kategorien und bestimmbare Begriffe angewiesen sind. Verstehen wir den zivilen Ungehorsam nun aber als eine Praxis der Infragestellung, dann kann er helfen, die Paradoxien und Probleme hinter subjektiven Rechten zu thematisieren. Während in rechtsstaatlichen Konzeptionen des zivilen Ungehorsams der interpretative Ansatz dahin geht, konkrete Forderungen zu stellen, kann ein dekonstruktiver Ansatz flüchtiger funktionieren, also beispielsweise einzelne Schicksale sichtbar machen, ohne gleich für eine ganze Gruppe Forderungen aufzustellen und ihr eine Identität oder ein Interesse aufzudrängen, die für alle gelten und in einen rechtlichen Schutz gegossen werden müssen. In meiner Lesart schließen sich die Forderung nach Rechten und die Sichtbarmachung sowie Thematisierung ihrer Paradoxien nicht aus. Konstruktive Interpretation und Dekonstruktion stehen insoweit in einem wechselseitigen – und wohl ebenfalls unaufgelöst widersprüchlichen – Verhältnis.

Staatsangehörigkeit und Grenzen. Eine zweite Kategorie, die eine Reihe von Dichotomien, Widersprüchen und Hierarchien mit sich bringt, ist die Staatsangehörigkeit. Staaten haben Grenzen, sie produzieren notwendigerweise Ein- und Ausschlüsse. Sie schaffen Staatsangehörige und Ausländer*innen; Pässe, mit denen man einreisen kann, und solche, mit denen man der Grenze verwiesen wird.

Staatsangehörigkeit und Grenzen sind Voraussetzungen auch

von demokratischen Rechtsstaaten. In dieser Gemeinschaft von Freien und Gleichen muss eine Grenze gesetzt werden, in der die Mitglieder der Gemeinschaft sich gegenseitig diese Freiheit und Gleichheit zusichern können. Volkssouveränität als demokratisches Grundprinzip setzt voraus, dass es eine Rechtsgemeinschaft gibt, in der die Rechtsunterworfenen über die Gesetze mitentscheiden können. Daraus folgt aber wiederum eine paradoxe Situation: Wer Teil der Gemeinschaft ist, wer Teil der Gruppe ist, die über die Gesetze mitentscheiden kann, wer als Freie und Gleiche anerkannt wird – all das liegt in der Hand derjenigen, die Teil der Gemeinschaft sind.[10] Die Staatsangehörigkeit wie ihre Grenzen, die zugleich ihr Resultat sind und ihre Vorbedingung darstellen, führen daher auch eine Hierarchie zwischen den Ausgeschlossen und den Eingeschlossenen ein.

Besonders auffällig und folgenreich tritt diese Hierarchie der Staatsangehörigkeiten und Grenzen im Phänomen illegaler Migration hervor. Illegale Migration erfolgt häufig aus sogenannten «Entwicklungsländern» in Länder des globalen Nordens und des Westens. Daher ist es kein Zufall, dass insbesondere postkoloniale Ansätze Grenzen und Staatsangehörigkeit thematisieren. Ich möchte auf einige Gedanken aus dieser Forschung zurückgreifen, um zu argumentieren, warum illegale Migration sich nicht nur als Ausdruck individueller Not deuten lässt, sondern auch als ein radikaldemokratischer Akt verstanden werden kann. Dies gilt insbesondere für die Fälle, in denen diese Migration mit Protesten und politischen Stellungnahmen verbunden wird.

Die Rechtswissenschaftlerin Tendayi Achiume beschäftigt sich in diesem Kontext ausdrücklich mit den Auswirkungen des Kolonialismus und Imperialismus auf ehemalige Kolonialstaaten.[11] Aus ehemaligen Kolonialstaaten stammen viele Geflüchtete, die illegal einreisen und als sogenannte «Wirtschaftsflüchtlinge» häufig kein Asyl oder ein vergleichbares Recht in Anspruch nehmen können. Achiume argumentiert, dass im 21. Jahrhundert zwar nicht mehr wie im ausgehenden 19. und beginnenden 20. Jahrhundert imperiale westliche Mächte Kolonien besetzen und beherrschen. Die wirtschaftlichen, sozialen, geopolitischen und auch rechtlichen Resultate des Kolonialismus halten ihr zufolge aber bis heute in unterschiedlichem Ausmaß an.

Schlaglichtartig lassen sich folgende Auswirkungen aufzählen: Kolonialismus führte oft zur Entfremdung und Entwurzelung von Bevölkerungsgruppen, und zwar sowohl innerhalb der kolonisierten Gebiete als auch durch die Verschleppung von Menschen als Sklav*innen. Dies führte zu langfristigen sozioökonomischen Ungleichheiten und instabilen politischen Strukturen in den ehemaligen Kolonien. Während der Kolonialzeit wurden natürliche Ressourcen und Arbeitskräfte ausgebeutet, was zu wirtschaftlicher Benachteiligung und Armut in den kolonisierten Regionen führte, die sich bis heute fortsetzen. Die Grenzen, die während der Kolonialzeit gezogen wurden, berücksichtigten oft nicht die ethnischen oder kulturellen Identitäten der betroffenen Bevölkerungsgruppen und führen bis heute zu Spannungen und Konflikten und damit zu politischer Instabilität. All diese Gründe veranlassen Menschen, ihre Länder zu verlassen und insbesondere nach Europa oder in die USA zu flüchten.

Postkoloniale Ansätze wie auch derjenige Achiumes argumentieren, dass sich diese Strukturen auch heute noch im wirtschaftlichen und politischen Einfluss der industrialisierten ehemaligen Kolonialstaaten niederschlagen – beispielsweise im Rahmen von internationalen Organisationen und im internationalen Recht sowie in Handelsabkommen. In anderer Form setzt sich das Herrschaftsverhältnis der Kolonialzeit also mittelbar auch heutzutage noch fort. Die europäischen Staaten und die USA nehmen für sich in Anspruch, rechtsstaatlich und demokratisch organisiert zu sein. Wenn es im Verhältnis zu Entwicklungsländern ein solches –

wenn auch mittelbares – Herrschaftsverhältnis gibt, dann müsste sich daraus aber auch ein Anspruch der dieser Herrschaft Unterworfenen auf Teilhabe ergeben – also derjenigen, die in den Entwicklungsländern beziehungsweise ehemaligen Kolonien leben. Mit einem demokratischen Souveränitätsbegriff, der nationale Grenzen zieht, kommen wir bei der Lösung dieses Problems nicht weiter. Im Gegenteil verstellt eine Vorstellung von Volkssouveränität, die politische und rechtliche Gemeinschaft nur in nationalen Grenzen sieht, den Blick für die global verwobenen Herrschaftsverhältnisse.

Achiume widerspricht daher einem demokratischen Souveränitätsverständnis, das über nationale Grenzen funktioniert, und hebt stattdessen den Kerngedanken der Volkssouveränität hervor: Menschen müssen, solange und soweit sie Zwang und Herrschaft unterworfen sind, auch die Möglichkeit haben, auf diese Herrschaft Einfluss zu nehmen. Sie argumentiert, dass sich daraus ein Mitgliedschafts- oder zumindest ein Aufenthaltsrecht von Angehörigen ehemaliger Kolonien in Kolonialstaaten ergeben sollte. Mit diesem Gedanken vor Augen wirkt die illegale Migration nicht nur als Akt der Not, sondern auch als politischer Akt: Wer aus einer ehemaligen Kolonie flüchtet und den Zielstaat dazu auffordert, ihn oder sie aufzunehmen, fordert gleichzeitig dazu auf, an der demokratischen Souveränität teilzuhaben.

Eine solche Infragestellung der Grenzen der Demokratie – das heißt der Ein- und Ausschlüsse, welche die Demokratie voraussetzt oder produziert, obwohl sie eigentlich eine inklusive Ordnung sein will – wird in der radikaldemokratischen Forschung auch für ein neues und erweitertes Verständnis des zivilen Ungehorsams fruchtbar gemacht. Rechtsstaatliche Konzeptionen betrachten den zivilen Ungehorsam als eine Stellungnahme innerhalb einer Verfassungsgemeinschaft oder – das hatten wir gesehen – in einer offenen Gesellschaft der Verfassungsinterpret*innen. Wie die kurze Auseinandersetzung mit Achiume gezeigt hat, setzt eine solche Gemeinschaft von Verfassungsinterpret*innen und ihre Kapazität, Impulse aus der Zivilgesellschaft aufzunehmen und umzusetzen, Ausschlüsse voraus. Diese sind wiederum mit dem Kernprinzip der Verfassung – Freiheit und Gleichheit aller – eigentlich nicht zu vereinbaren. Viele radikaldemokratische Ansätze lehnen daher den «zivilen» Ungehorsam ab, weil er der bestehenden Ordnung zu nahesteht, zu ihrer Stabilisierung beiträgt und nicht der Infragestellung dient.

Das Problem wird deutlicher, wenn wir es mit der Begrifflichkeit der verfassten (konstituierten) Gewalt und der verfassungsgebenden (konstituierenden) Gewalt betrachten. Ziviler Ungehorsam im rechtsstaatlichen Modell geht von der verfassten Gewalt, also von der bereits konstituierten Verfassungsgemeinschaft und dem existierenden Rechtsstaat aus. Ein radikaldemokratisches Verständnis zivilen Ungehorsams, wie es der Philosoph Robin Celikates vorschlägt, denkt jedoch die Seite der verfassungsgebenden Gewalt mit. Gemeint ist damit ein in der Regel revolutionärer Moment, in dem die politische Gemeinschaft zusammentritt und sich als solche eine Verfassung gibt. Sie ist also Resultat und Voraussetzung der Verfassung zugleich.

Nach Celikates erstreckt sich die verfassungsgebende Macht nicht ausschließlich auf das einmalige Ereignis einer verfassungsgebenden Versammlung oder einer Revolution, sondern kann pluralisiert und immer wieder aufgerufen werden. Ziviler Ungehorsam steht für Celikates für eine Wiederbelebung des revolutionären Moments, der die Verfassung und die verfasste Gewalt infrage stellt und als eine «rekonstitutive Macht» auftritt. Das bedeutet, dass der zivile Ungehorsam, indem er die Ordnung infrage stellt, ihr die Möglichkeit gibt, sich zu erneuern und zu verändern.[12]

Auch illegale Migration lässt sich vor diesem Hintergrund als ein Moment verstehen, in dem Geflüchtete die verfassungsgebende

Gewalt aufrufen und versuchen, in die Gemeinschaft Eingang zu finden. Sie widerlegen die Offenheit demokratischer Ordnungen und die Möglichkeit der Teilhabe – und damit ein zentrales Versprechen der Demokratie. Ähnliches gilt auch für die Seenotrettung. Sie ist einerseits eine moralische Notbremse – in einem Europa, das den massenweisen Tod von Menschen im Mittelmeer erduldet – und beharrt in fast kantianischer Manier darauf, dass jedes Menschenleben wertvoll ist und zählt. Andererseits weist Seenotrettung damit aber auch über einen moralischen Notstand hinaus. Sie zeigt uns, dass hinter der Grenze der moralische Anspruch des Rechtsstaats sinkt. Indem Aktivist*innen eine eigentlich selbstverständliche staatliche Aufgabe übernehmen, machen sie auf die Willkür hinter Staatsangehörigkeiten aufmerksam. Auf hoher See, wo Grenzen nur als Abstraktionen überhaupt Sinn ergeben, verdeutlichen sie die Absurdität von Grenzregimen, die die einen ertrinken lassen und die anderen schützen und ihren Verlust betrauern.

Celikates argumentiert vor diesem Hintergrund, dass ziviler Ungehorsam nicht darauf reduziert werden dürfe, sich für individuelle (Minderheiten-)Rechte und Gerechtigkeit im Rechtsstaat einzusetzen, sondern auch als kollektive und genuin demokratische Maßnahme betrachtet werden müsse. Dazu gehört ein Verständnis von zivilem Ungehorsam, das nicht primär danach fragt, wie er mit dem Rechtsstaat vereinbar ist. Nehmen wir das oben erarbeitete dekonstruktive Verständnis hinzu, bedeutet das auch, die Voraussetzungen einer offenen Gesellschaft der Verfassungsinterpret*innen zu überprüfen und zu revidieren. Radikaldemokratischer Ungehorsam zielt dann darauf ab, den politischen Raum zu erweitern, indem er die Defizite repräsentativer Demokratien aufzeigt und die Institutionen herausfordert.

Infrage stellen, Teil II: Das deliberative Paradigma

Die Voraussetzungen einer Teilhabe am demokratischen Rechtsstaat zu hinterfragen, betrifft aber nicht nur die formelle rechtliche und politische Teilhabe, sondern auch die gesellschaftlichen und diskursiven Bedingungen. Damit kommen wir zurück auf die Grundpfeiler des deliberativen Denkens, die wir bei Habermas kennengelernt haben: den öffentlichen, vernünftigen und herrschaftsfreien Diskurs.

Öffentlichkeit. Eine Vorannahme von Habermas' deliberativer Demokratietheorie ist die demokratische Öffentlichkeit, also eine Öffentlichkeit, in der Bürger*innen frei und gleichberechtigt diskutieren und politische Entscheidungen treffen können. Er grenzt diese Vorstellung von der «bürgerlichen» Öffentlichkeit des 18. und 19. Jahrhunderts ab, von der viele Menschen, insbesondere Frauen und Arbeiter*innen ausgeschlossen waren. Habermas ist also durchaus klar, dass eine demokratische Öffentlichkeit keine Gegebenheit, sondern eine Aufgabe und ein Ideal darstellt. Dass ein öffentlicher demokratischer Diskurs dennoch möglich und erstrebenswert ist, setzt er in seinen Überlegungen aber voraus. Habermas wurde insbesondere von feministischer Seite für seinen Öffentlichkeitsbegriff kritisiert. Diese Kritik lässt sich in zwei Aspekte unterteilen. Fast schon klassisch ist erstens die Kritik an der Dichotomie zwischen «öffentlich» und «privat» und zweitens die Vorstellung, dass es nur einen gesamtgesellschaftlichen Diskurs gibt.

Das Private ist politisch. Die Unterscheidung zwischen öffentlich und privat setzt voraus, dass es Themen gibt, die nicht Gegenstand der öffentlichen Auseinandersetzung werden sollen, weil sie Privatangelegenheit sind, die die Öffentlichkeit nichts angeht. Nur was als öffentlich gilt, kann Gegenstand der öffentlichen Debatte sein und wird nicht als Privatangelegenheit ausgeschlossen. Die feministische Kritik an Habermas zielt darauf ab, dass seine Demokratietheorie von dieser Unterscheidung ausgeht, ohne ausreichend die Machtfrage zu thematisieren, die hinter einer Zuordnung als öffentlich oder privat steht. Diese Kritik steckt in dem feministischen Slogan «Das Private ist politisch».

Ein Beispiel, das in diesem Zusammenhang oft aufgeführt wird, ist die Stellung von Reproduktionsarbeit. Der Begriff Reproduktionsarbeit (*Care*-Arbeit) bezieht sich auf die breite Palette von Tätigkeiten und Aufgaben, die notwendig sind, um das tägliche Leben zu meistern. Diese Arbeit umfasst traditionell die Bereiche der Haushaltsführung, der Kindererziehung, der Pflege von Familienmitgliedern, der Versorgung mit Nahrung und Kleidung sowie andere alltägliche Aufgaben, die zur Erhaltung des Lebens beitragen.

Diese Tätigkeiten sind in der Öffentlichkeit oft unsichtbar und werden daher unterbewertet, sie werden häufig von Frauen und in privaten Haushalten geleistet und daher nicht als formelle Arbeit anerkannt oder entlohnt. Diese Unsichtbarkeit und Unterbewertung der Reproduktionsarbeit führt oft dazu, dass sie als selbstverständlich angesehen und nicht angemessen gewürdigt wird. Dabei ist diese Arbeit von hoher gesellschaftlicher und auch ökonomischer Bedeutung. Mittlerweile werden diese Arbeiten daher immer mehr auch als öffentliche Angelegenheit angesehen, beispielsweise wenn es um den Ausbau der Kinderbetreuungsmöglichkeiten geht.

Aktionen zivilen Ungehorsams können dazu beitragen, die Dichotomie zwischen öffentlich und privat aufzubrechen und sie neu zu verhandeln. So gab und gibt es bis heute zum Beispiel «Frauenstreiks», in denen Frauen organisiert ihre bezahlte und unbezahlte Arbeit niederlegen, um die Bedeutung von Reproduktionsarbeit hervorzuheben und für bessere sowie kostenlose Kundenbetreuung, aber auch gegen sexuelle Belästigung am Arbeitsplatz zu kämpfen

Mehr als ein Diskurs. Der zweite Aspekt der Kritik wurde insbesondere von der Philosophin Nancy Fraser vorgetragen. Sie wendet gegen Habermas ein, dass seine Theorie von einem gesamtgesellschaftlichen Diskurs ausgeht. Dass es aber nicht nur einen Diskurs gibt und auch nicht nur einen geben muss, ist vor dem Hintergrund der Debatte um Filterblasen in Verruf geraten. Der Begriff «Filterblase» bezeichnet eine Situation, in der eine Person aufgrund von Algorithmen oder persönlichen Vorlieben dazu neigt, nur mit Informationen, Meinungen oder Inhalten konfrontiert zu werden, die bereits ihren eigenen Überzeugungen, Interessen oder Vorlieben entsprechen. Dies führt dazu, dass die Person in einer «Blase» isoliert wird, in der sie selten mit unterschiedlichen Perspektiven oder kontroversen Standpunkten konfrontiert wird.

Fraser meint hingegen etwas anderes, wenn sie davon spricht, dass wir *Gegenöffentlichkeiten* brauchen. Ihr zufolge lässt es sich nicht vermeiden, dass ein gesamtgesellschaftlicher Diskurs auch hegemonial funktioniert. Das heißt, dass dieser Diskurs Gefahr läuft, von einer Gruppe, Institution oder von Ideologien beeinflusst und bestimmt zu werden, die eine dominante und vorherrschende Position innehaben. Vor diesem Hintergrund erscheint es für Fraser wichtig, auf diskursiver Ebene «subalterne Gegenöffentlichkeiten» zu entwickeln.[13] Gemeint sind damit Diskursräume, also alternative Medien, soziale und künstlerische Räume, Gesprächsrunden oder auch Chat-Gruppen, in denen sich Angehörige einer marginalisierten, gesellschaftlich benachteiligten Gruppe zusammenfinden und austauschen können.

Denn Diskurse setzen häufig schon voraus, dass sich Personen auf Argumente einlassen und eine Position dazu unmittelbar beziehen können. Voraussetzung dafür ist aber, dass die Argumente und Positionen grundsätzlich vertraut sind. Der gesellschaftliche Mainstream, seine Medien und Diskursräume berücksichtigen aber viele Themen nicht, die marginalisierte Gruppen betreffen. Darin liegt gerade der Kern ihrer Marginalisierung. Ohne entsprechende Meinungsbildungsorgane ist es aber fast unmöglich, seine eigene Position zu erkennen, Argumente zu entwickeln und diese auch artikulieren zu können. Gegenöffentlichkeiten können Plattformen schaffen, in denen unterschiedliche Gruppen über ihre Anliegen, Probleme, Interessen und Lebensbedingungen reflektieren und sich austauschen können.

Viele Aktionen zivilen Ungehorsams können in diesem Zusammenhang als eine Praxis verstanden werden, um eine Gegenöffentlichkeit zu schaffen. Ziviler Ungehorsam kann dazu beitragen, unterrepräsentierte oder benachteiligte Gruppen und ihre Anliegen sichtbar zu machen. Das ist häufig erst die Grundlage dafür, dass andere Mitglieder einer Gruppe mobilisiert und informiert werden können. Die Beispiele dafür sind zahlreich: Sie reichen vom Kampf gegen Sklaverei oder für das Frauenwahlrecht bis hin zu *Black Lives Matter*. Einem rechtsstaatlichen Verständnis zivilen Ungehorsams geht dieser Schritt, Gegenöffentlichkeiten zu schaffen, in der Regel voraus. Denn erst wenn Menschen ihre eigene Position erkennen und sich mit anderen darüber austauschen und solidarisieren können, sind die Voraussetzungen gegeben, um in den herrschenden Diskurs einzutreten – und für Integration in eine Gemeinschaft der Verfassungsinterpret*innen zu kämpfen.

Vernunft. Die zweite Eigenschaft, die Habermas dem Diskurs zuschreibt, ist die Vernunft. In seiner deliberativen Demokratie- und

Diskurstheorie betont Habermas die zentrale Rolle des vernünftigen Diskurses als Grundlage demokratischer Entscheidungsprozesse. Die Rationalität des Diskurses bezieht sich auf bestimmte Prinzipien und Standards, die die Struktur und den Verlauf des Diskurses leiten sollen. Vernunft erfordert, dass die Teilnehmenden am Diskurs ihre Ansichten begründen und durch rationale Argumente und Evidenz stützen müssen, anstatt auf bloße Autorität oder Macht zu vertrauen. Im Idealfall führt der vernünftige Diskurs zu einem Konsens über politische Entscheidungen oder Normen, die von allen Beteiligten akzeptiert werden können. Dies bedeutet jedoch nicht zwangsläufig, dass alle Meinungsverschiedenheiten beseitigt werden müssen oder dass jeder einzelne Beteiligte seine ursprüngliche Meinung ändern muss. Stattdessen geht es darum, gemeinsame Gründe und Prinzipien zu identifizieren, die den politischen Entscheidungen zugrunde liegen, und ein gegenseitiges Einverständnis über diese Gründe zu erreichen. Eine weitere Komponente ist daher die gegenseitige Anerkennung der Teilnehmenden und ihrer Standpunkte. Klingt doch vernünftig, oder?

Die Einwände gegen das Rationalitätskriterium sind jedoch zahlreich und kommen von verschiedenen Seiten. Ich greife zwei Gruppen von Einwänden hier heraus: die Kritik an der Dichotomie zwischen Vernunft und Emotionen sowie zwischen der vernunftbegabten «Sprache» und der nur lärmenden «Stimme».

Reg' dich doch nicht so auf! Für Habermas sollte ein vernünftiger Diskurs idealerweise unparteiisch sein und auf Rationalität statt auf Affekten, Emotionen und Leidenschaften basieren. Kritiker*innen wie die Philosophin und Feministin Iris Marion Young haben schon früh dagegen argumentiert. Sich nur auf die Vernunft zu konzentrieren, schließt ihr zufolge den Körper und Affekte beziehungsweise Emotionen aus. Damit geht eine Hierarchie der Vernunft über den Körper einher. Denn die Trennung zwischen Vernunft und Emotionen kann dazu führen, dass Argumente, die auf Emotionen basieren, als «unvernünftig» ausgeschlossen werden.[14]

Die feministische Kritik führt dagegen an, dass diese Ansicht nicht nur die Bedeutung von Körpern und Körperlichkeit unterrepräsentiert, sondern davon ausgeht, dass Wissen und Vernunft völlig losgelöst vom Körper betrachtet werden können. Sie stellt dagegen, dass die Vernunft in die Welt eingebettet ist und jede*r Diskussionsteilnehmer*in einen Standpunkt einnimmt, der nicht unabhängig vom Körper betrachtet werden kann. Ein vernünftiger Diskurs, der Körper und Affekte ignoriert, tut demnach so, als wäre er gleichsam standpunktlos, unparteiisch und objektiv: eine Voraussetzung, die kein*e Diskursteilnehmer*in für sich in Anspruch nehmen kann.

Wissen und Erfahrungen und die darauf aufbauenden Gründe und Argumente seien daher «embodied». Der Begriff «embodied» fasst einen Widerspruch gegen Konzepte der rationalen Diskursethik und deliberativen Demokratie zusammen, die nicht ausreichend die körperlichen und sozialen Realitäten von Frauen und anderen marginalisierten Gruppen berücksichtigen. Feministische Theoretikerinnen betonen dagegen die Bedeutung von Körperlichkeit, Emotionen und sozialen Erfahrungen und argumentieren, dass diese Faktoren in politischen Theorien und Praktiken berücksichtigt werden müssen, um eine gerechtere und inklusivere Demokratie zu erreichen.

Ziviler Ungehorsam ist in diesem Kontext eine Stellungnahme, die körperlich ist. Ziviler Ungehorsam spricht nicht nur, sondern *verkörpert* die sozialen Realitäten von marginalisierten Gruppen, indem er auf ihre konkreten Erfahrungen, Bedürfnisse und Forderungen aufmerksam macht. Im Gegensatz zu abstrakten Diskursen ermöglicht ziviler Ungehorsam den direkten Ausdruck von Empörung und Protest durch physische Aktionen, die die tatsächlichen und konkreten Körper und Stimmen derjenigen sichtbar machen, die betroffen sind. Indem Menschen sich physisch engagieren und ihre Körper als Mittel des Protests einsetzen, wird die Bedeutung der *embodiedness* deutlich gemacht. Dies steht im Kontrast zu Habermas' Diskurstheorie, die auf rationale Argumente und abstrakte Diskurse fokussiert ist.

Proteste und Aktionen zivilen Ungehorsams richten sich in der Regel nicht nur an den Verstand, sondern drücken Gefühle aus. Das gilt für ganz unterschiedliche Arten von Protesten: Verliere ich in der Finanzkrise mein Haus, während gleichzeitig Banken gerettet werden, die für die Krise mitverantwortlich sind, dann bin ich frustriert. Komme ich so schon kaum über die Runden und muss jetzt noch mehr Abgaben für Benzin an den Staat zahlen, um zur Arbeit zu fahren, weil ich mir keine Wohnung mehr in einer Großstadt leisten kann, dann bin verzweifelt. Wird mein Sohn, mein Freund oder Nachbar von einem Polizisten erschossen, obwohl er unbewaffnet war, dann bin ich wütend und traurig. Kann sich noch nicht einmal ein Tempolimit auf deutschen Autobahnen durchsetzen, obwohl sich die Klimakrise immer weiter zuspitzt, dann habe ich Angst um die Zukunft.

Auch wenn die Zusammenhänge in diesen Beispielen komplexer sein mögen und die Darstellung insoweit plakativ und pauschal daherkommt: Die Affekte, die in Protesten und Aktionen demonstriert werden, sind Ausdruck der gelebten Realität von Menschen, die sich oft in einem gesamtgesellschaftlichen Diskurs nicht gesehen und gehört fühlen. Diese Realität und ihr Ausdruck können nicht einfach unterdrückt, ignoriert und auch nicht immer rationalisiert werden. Ziviler Ungehorsam kann ein Raum sein, der außerhalb der Institutionen Raum für Emotionen und Affekte lässt und insoweit den Rationalitätsanspruch des Diskursmodells aufbricht.

Phōnē vs. Logos. Die ausschließende Wirkung des Rationalitätsideals in der politischen Kommunikation reicht aber noch viel weiter und tiefer als die Habermas'sche Diskurstheorie. Schon Aristoteles sah den Menschen als ein politisches Wesen. Ausgangspunkt seiner Überlegung war die Unterscheidung zwischen der Sprache, dem «logos», und der bloßen Stimme, der «phōnē». Aristoteles ging davon aus, dass die Fähigkeit zur Sprache, zum Logos, ein wesentliches Merkmal der menschlichen Natur ist, die es den Menschen ermöglicht, Teil einer politischen Gemeinschaft zu sein. Die Vernunft- und Sprachbegabung geht der Eigenschaft als politisches Wesen voraus. Jene, die nur über die Fähigkeit zur «phōnē» verfügen – also nur die Fähigkeit zur bloßen Lautäußerung, aber nicht zur rationalen Argumentation oder zur Sprache besitzen –, sind aus der politischen Gemeinschaft ausgeschlossen. Das Ergebnis dieser Überlegungen in der antiken Demokratie ist bekannt. Frauen und Sklaven haben keinen Anteil, weil sie Aristoteles zufolge nicht die Sprache und Vernunft haben, um an der Demokratie teilzuhaben.[15]

Die moderne rechtsstaatliche Demokratie darf nicht mehr auf solche Unterscheidungen zurückgreifen und tut dies auch tatsächlich nicht. Dass alle Menschen gleichbehandelt werden sollen, drückt sich darin aus, dass jedem und jeder die gleiche Stimme zukommt, dass jede Stimme bei Wahlen gleichermaßen zählt. Die einzelne Stimme kann dann vielleicht nicht mehr, wie in der antiken Versammlungsdemokratie, tatsächlich gehört, aber zumindest *repräsentiert* werden.

Das Problem dabei ist nur: Je mehr Leute repräsentiert werden, desto weniger Einflussmöglichkeit hat jede Einzelne auf politische Entscheidung. Wer etwas in der Demokratie verändern will, ist daher dem Institutionengefüge gemäß darauf verwiesen, sich in einer Partei zu engagieren, sich zur Wahl aufstellen zu lassen, Menschen dazu zu bewegen, sie zu wählen, und dann im Parlament Mehrheiten zu finden. Es geht über eine anekdotische Evidenz hinaus, dass dieser Weg nicht von allen gleichermaßen beschritten werden kann. Er setzt kulturelles Kapital, also Bildung, soziales Kapitel, also ein gutes Netzwerk und Unterstützung, und ökonomisches Kapitel, das heißt die nötigen finanziellen Mittel, aber auch Zeit voraus, um politisch Einfluss nehmen zu können.

Alternativ gibt es die Möglichkeit, sich in der Zivilgesellschaft zu engagieren. Doch auch hier baut das Rationalitätskriterium Barrieren auf. Denkt man aus liberaler oder deliberativer Perspektive, dann hängt das Gelingen oder Misslingen von gerechter repräsentativer Politik davon ab, dass alle, die derzeit noch ausgeschlossen sind, eingeschlossen werden – etwa indem gerechtere Formen des Ausschlusses bestimmt werden, die alle akzeptieren können. Es würde sich dann nur um ein graduelles, nicht um ein prinzipielles Problem handeln. Ein radikaldemokratischer Ansatz setzt hingegen tiefer an. Aus seiner Sicht muss das Vernunfterfordernis dekonstruiert werden, um die mit ihm einhergehenden Vorannahmen und die darin liegenden Machtungleichgewichte aufzuzeigen.

Can the Subaltern Speak? Eine Herangehensweise, die uns dabei helfen kann, ist wiederum eine postkoloniale. Die Literaturwissenschaftlerin Gayatri Chakravorty Spivak hat in ihrem einflussreichen Essay «Can the Subaltern Speak?» (Kann die Subalterne sprechen?, 1988) eine Dekonstruktion von westlich geprägten Rationalitätserfordernissen, von Diskursannahmen und der Machtausübung durch Sprache vorgenommen.[16] In der postkolonialen Theorie werden mit dem Begriff der Subalternen kolonisierte Völker und Gesellschaften bezeichnet, die unter der Herrschaft der Kolonialmächte standen. Diese Gruppen wurden politisch, wirtschaftlich und kulturell unterdrückt, ihre Kultur und ihr Wissen marginalisiert.

Spivak thematisiert die Frage, ob die «Subalternen» die Möglichkeit haben, ihre Stimme zu erheben und gehört zu werden. Sie stellt fest, dass diese Gruppen oft durch bestehende Machtstrukturen unsichtbar gemacht und ihre Stimmen unterdrückt oder verzerrt werden. Eines ihrer Anliegen besteht darin, die Komplexität und Vielfalt der Erfahrungen von unterdrückten Gruppen anzuerkennen und sich nicht auf vereinfachende Darstellungen zu stützen, die von westlichen Wissenssystemen geprägt sind.

Spivak differenziert ihr Argument am Beispiel der Witwenverbrennung (Sati) aus. Dabei handelt es sich um eine traditionelle, von einer hinduistischen Minderheit ausgeübte Praxis, bei der die Witwe auf dem Scheiterhaufen ihres verstorbenen Mannes mitverbrannt wurde. Dieser Akt soll eigentlich ein freiwilliges Opfer darbringen, um die spirituelle Reinheit der Witwe zu bewahren und um die Sünden des Paares zu tilgen. Sich auf diese Weise zu opfern, sollte der Pflicht und Treue der Witwe gegenüber ihrem Ehemann Ausdruck verleihen.

Die Praxis wurde in einigen Teilen Indiens bis ins 19. Jahrhundert vollzogen und während der britischen Kolonialherrschaft verboten. Sie galt den Kolonialisten als Symbol für die Barbarei und Rückständigkeit der indischen Kultur. Umgekehrt verteidigten die indischen Nationalisten die Witwenverbrennung als Teil der traditionellen Kultur der hinduistischen Minderheit.

Spivak setzt sich nicht für den Erhalt der Witwenverbrennung ein. Vielmehr geht es ihr darum, zu zeigen, dass im ideologischen Kampf der westlichen Kolonialmacht gegen die Traditionen einer patriarchal geprägten Gesellschaft für die Perspektive der betroffenen Frauen kein Platz vorgesehen ist. Ihre Perspektive wird von beiden Seiten nicht nur unterdrückt, sondern gleichsam im Ansatz unsichtbar gemacht. Mit seiner Position Gehör zu finden, setzt Spivak zufolge voraus, sich überhaupt in einem Diskursraum zu befinden, in dem diese Perspektive vorgesehen ist. Subalternität ist hingegen eine «Position ohne Identität».[17] Eine Position mit Identität zu entwickeln, wird im Fall der Witwenverbrennung in doppelter Hinsicht verhindert: von der westlichen Perspektive der Kolonialmacht und von der patriarchalen Perspektive der indischen Nationalisten. Dieses Problem geht tiefer und fordert uns auf, die zugrundeliegenden Bedingungen und Strukturen zu untersuchen, die es den Subalternen erschweren, effektiv zu sprechen oder gehört zu werden. Es geht darum, zu erkennen, dass die Möglichkeit des Sprechens von komplexen sozialen, politischen und kulturellen Faktoren abhängt. Diese Faktoren können die Sprachlosigkeit oder die Verzerrung der Stimmen der Subalternen bedingen, selbst wenn sie physisch sprechen können.

Wer zivilen Ungehorsam ausübt, geht schon den ersten Schritt aus der Unsichtbarkeit und ist in diesem Sinne dann schon eigentlich nicht mehr subaltern. Dennoch helfen uns Spivaks Überlegungen für unser Verständnis radikaldemokratischen Ungehorsams weiter. Das Beispiel der Witwenverbrennung ist gleichermaßen eindrücklich wie extrem. Aber es gibt weitaus weniger existenzielle Debatten, in denen eine ähnliche Unterdrückung der eigentlich betroffenen Perspektive praktiziert wird, beispielsweise in Diskussionen um ein Burka- oder Kopftuchverbot. Noch im September 2023 führte Frankreich ein Verbot der «Abaja» an Schulen ein – eines Gewands, das vielfach in muslimisch geprägten Regionen von Frauen, aber auch von Männern getragen wird. Frankreich setzt damit seine strikte Trennung zwischen Staat und Religion durch und beruft sich darauf, dass sämtliche religiöse Symbole verboten sind, die Regelung also neutral sei. Mit Spivaks Überlegungen können wir verstehen, dass ein solches Neutralitätsargument nur scheinbar gerecht ist, da es die diskursiven und strukturellen Ungerechtigkeiten ignoriert. Denn in einer christlich geprägten Gesellschaft, die nach wie vor von einem männlichen Blick geprägt ist, ist die Abaja oder das Kopftuch weitaus stärker ein Symbol ideologischer Kämpfe als beispielsweise ein Kreuz-Anhänger um den Hals. Die Perspektive der betroffenen Frauen droht darin wiederum zu verschwinden.

Ziviler Ungehorsam kann demgegenüber helfen, wenn auch nicht aus der subalternen, so doch aus einer marginalisierten Stellung herauszutreten, wie ich an einem Beispiel von Seyla Benhabib erläutern möchte.[18] 1989 wehrten sich drei Schülerinnen gegen ein Kopftuchverbot an ihrer Schule in einem Pariser Vorort, indem sie trotzdem mit ihren Kopftüchern zur Schule gingen. Der Fall wurde heftig diskutiert, das Verhalten der Schülerinnen vielfach von Kommentator*innen interpretiert. Benhabib macht darauf aufmerksam, dass im Laufe der Diskussion niemand auf die Idee kam, die Schülerinnen selbst nach der Deutung ihres eigenen Verhaltens zu fragen. Vielleicht bietet aber gerade der Akt des Tragens eines Kopftuchs, den die drei Schülerinnen Fatima, Leila und Samira vollzogen haben, die Möglichkeit, für sich selbst Stellung zu beziehen und als Personen mit einer eigenen Perspektive aufzutreten – selbst wenn sie in der ihrem Verhalten folgenden Diskussion nicht ausreichend befragt und gehört werden. Es ist der Akt des Ungehorsams selbst, der marginalisierte Personen darin unterstützen kann, eine Perspektive zu entwickeln, zu vertreten und öffentlich Stellung zu beziehen.

Herrschaftslosigkeit. Das dritte Fundament der Habermas'schen Diskurstheorie, das als Legitimationsgrund rechtsstaatlicher Ordnungen fungiert, ist die Herrschaftsfreiheit des Diskurses. Herrschaftsfreiheit bedeutet, dass alle Teilnehmenden die gleiche Möglichkeit haben, ihre Meinungen zu äußern, Argumente vorzubringen und kritisiert zu werden, ohne dass bestimmte Gruppen oder Personen mit Macht oder Autorität die Diskussion dominieren oder kontrollieren. Die Herrschaftsfreiheit steht in einem engen Zusammenhang mit der Rationalität; Habermas spricht von dem «zwanglosen Zwang des besseren Arguments».[19] Gemeint ist damit, dass sich in einem herrschaftsfreien Diskurs das bessere Argument durchsetzen wird, und zwar unabhängig von der gesellschaftlichen Stellung derjenigen, die das Argument vorbringen. Herrschaftsfreiheit des Diskurses ist daher eine Voraussetzung für die Ermittlung von wahren und gerechten Lösungen.

Habermas ist sich durchaus bewusst, dass eine Marginalisierung von Stimmen den Diskurs verzerren kann. Er schlägt deshalb eine Reihe von Verfahrenserfordernissen im weiteren Sinne vor, die einer Herrschaftsausübung entgegenwirken sollen. Neben der Öffentlichkeit des Diskurses, der «Hinterzimmergespräche» vermeiden soll, sind vor allem Rechte wie die Anerkennung der Meinungsfreiheit aller Teilnehmenden und das Verbot von Gewalt oder Einschüchterung vorgesehen. Ein weiterer wichtiger Faktor sind unabhängige Medien, die ausgewogen Bericht erstatten.

Wenig überraschend wehren sich Kritiker*innen dagegen und erklären, dass Habermas sich zu sehr auf formale Machtstrukturen und Institutionen konzentriert. Dieser Fokus läuft daher wiederum Gefahr, informelle Machtstrukturen zu vernachlässigen. Ergänzend zu der bereits oben entwickelten Kritik, die sich auch auf den Begriff der Herrschaftsfreiheit ausweiten lässt, möchte ich noch eine weitere Konzeption aufführen, die uns hilft, das Problem klarer zu identifizieren, das Habermas mit seinem formalen Verständnis zu übersehen droht: die Idee einer epistemischen Ungerechtigkeit.

Epistemische Ungerechtigkeit. Der Begriff wurde von der Philosophin Miranda Fricker in die Debatte eingeführt.[20] Das Wort «epistemisch» beschreibt etwas, das mit Wissen, Erkenntnis oder dem Prozess des Wissenserwerbs zusammenhängt. Miranda Fricker untersucht in ihrer Theorie epistemischer Ungerechtigkeit die Art und Weise, wie Menschen aufgrund von Vorurteilen, Stereotypen oder strukturellen Ungleichheiten systematisch benachteiligt werden, wenn es um den Erwerb, die Übertragung und die Anerkennung von Wissen geht.

Fricker beschreibt vor allem zwei Spielarten epistemischer Ungerechtigkeit. Zeugnisungerechtigkeit (*testimonial injustice*) betrifft Fälle, in denen Personen aufgrund bestimmter Diskriminierungsmerkmale nicht zugehört oder geglaubt wird. Das heißt, dass ihre Glaubwürdigkeit beeinträchtigt wird, basierend auf Faktoren wie Geschlecht, Rasse oder sozialer Klasse. Das ist zum Beispiel der Fall, wenn die Polizei oder eine Richterin unbewusst einer Person aufgrund ihres Geschlechts oder ihrer Hautfarbe eher glaubt, wenn sie vor Gericht befragt wird.

Bei der hermeneutischen Ungerechtigkeit geht es darum, wie Menschen ihr eigenes Leben interpretieren und ob ihre Sichtweise von anderen anerkannt wird. Diese Form der Ungerechtigkeit beeinflusst, welche Erfahrungen als normal oder selbstverständlich betrachtet werden, und kann dazu führen, dass bestimmte Erfahrungen oder Perspektiven marginalisiert werden. Wenn es im vorherigen Abschnitt darum ging, die eigene Position erkennen zu können, dann geht es hier auch darum, bestimmte Formen der Diskriminierung sagbar zu machen und als Diskriminierung zu identifizieren. Ein Beispiel dafür wäre der Umgang mit sexueller Belästigung. Zwar gibt es mittlerweile eine gesellschaftliche Debatte, die sich um den Begriff der sexuellen Belästigung (*sexual harassment*) entwickelt hat.[21] Vor der Intervention einer feministischen Bewegung in den ausgehenden 1960er und 70er Jahren galten viele Äußerungen und Verhaltensweisen, die wir heutzutage als sexuelle Belästigung behandeln, aber noch als Kompliment oder als zu erduldendes Verhalten, weil es von Männern als solches definiert wurde.

Herrschaft hat viele Gesichter. Wenn wir Frickers Theorie mit den radikaldemokratischen, aber auch rechtsstaatlichen Theorien des zivilen Ungehorsams verbinden, können wir sehen, inwiefern ziviler Ungehorsam nicht nur als politischer Akt der Auseinandersetzung mit bestehenden institutionellen Strukturen, sondern auch als Antwort auf epistemische Ungerechtigkeiten betrachtet werden kann. Das gilt sowohl im Hinblick auf Zeugnisungerechtigkeit als auch auf hermeneutische Ungerechtigkeit. In Bezug auf Erstere dient der Ungehorsam nicht zuletzt dazu, die eigene Authentizität und damit auch Glaubwürdigkeit unter Beweis zu stellen. Wer bereit ist, Strafverfolgung und andere Formen des Zwangs zu akzeptieren, geht ein erhöhtes Risiko ein und belegt damit die Bedeutung und die Ernsthaftigkeit der eigenen Position. Zeugnisungerechtigkeit bleibt damit aber noch unangetastet – ihr wird nur der größere persönliche Einsatz von Aktivist*innen entgegengesetzt.

Deutlicher wird die ans Fundament epistemischer Ungerechtigkeit gehende Wirkung an den Beispielen zivilen Ungehorsams, die ich zu Beginn des Kapitels aufgeführt haben. Schon der Slogan «Black Lives Matter» drückt den Kampf nicht nur gegen Polizeigewalt aus, sondern auch die Überzeugung, dass Schwarzes Leben in jeder Hinsicht genauso viel zählt wie Weißes. Der Satz «Black Lives Matter» geht über die Gewährung gleicher formaler Rechte hinaus und zielt darauf, die spezifisch Schwarze Lebenserfahrung und ihre Marginalisierung anzuerkennen. Deswegen ist der Slogan auch anders zu beurteilen als der Satz «All Lives Matter», der in Reaktion auf die Proteste vereinzelt auftauchte. Letzterer tendiert dazu, die spezifischen Anliegen und Erfahrungen von Schwarzen zu verwässern oder zu ignorieren. Er ist eine unangemessene Antwort auf die besonderen Anliegen und Kämpfe der Schwarzen und lenkt die Aufmerksamkeit weg von den dringenden Problemen ihrer Marginalisierung.

Auf ähnliche Weise unterstreicht das Motto der Occupy-Bewegung «We are the 99%» die Vorstellung, dass die Interessen und Bedürfnisse der großen Mehrheit der Menschen, die von wirtschaftlicher Ungleichheit betroffen sind, nicht angemessen von den politischen und wirtschaftlichen Eliten vertreten werden. Die Bewegung forderte eine gerechtere Verteilung von Ressourcen und eine größere Beteiligung der Bürger*innen an den politischen Entscheidungsprozessen. Indem die Bewegung diesen Slogan nutzte, grenzte sie sich von einer Vorstellung eines einheitlichen Volkes ab, der in dem Satz «We are the people» (Wir sind das Volk) zum Ausdruck kommen kann. Solidarität ergab sich in dieser Bewegung also nicht aus einer – womöglich sogar ethnisch begründeten – Volkszugehörigkeit, sondern daraus, dass Menschen ihre Geschichten teilten und sich gegenseitig zuhörten.

Zwei Einwände: Elitismus und destruktive Kritik

Auch an dieser Stelle möchte ich die Tragfähigkeit der Argumentation wieder an zwei Einwänden überprüfen, die gegen radikalere Formen des Ungehorsams gerichtet werden.

1. Einwand: Elitismus. Ich habe in diesem Kapitel Gründe vorgebracht, mit denen auch radikale Formen des Ungehorsams legitimiert werden können – also solche, die nicht die Kriterien der Öffentlichkeit, Verhältnismäßigkeit und Akzeptanz der Strafverfolgung erfüllen müssen. Das Argument lautet zusammengefasst: Ziviler Ungehorsam gleicht in diesen Fällen strukturelle Ungerechtigkeiten oder Defizite in der Repräsentation sowie im demokratischen Diskurs aus. Ein Einwand, der Aktionen zivilen Ungehorsams in Deutschland aber regelmäßig begleitet, zielt genau auf das Gegenteil: Elitismus. Denn häufig sind es gerade nicht marginalisierte oder unterrepräsentierte Personen, die sich gesellschaftlich engagieren, sondern Menschen aus privilegierten Milieus, die ihre Ressourcen dafür nutzen, sich für die Anliegen anderer einzusetzen. Dies führt manchmal zu dem Vorwurf, dass sie nicht die tatsächlichen Erfahrungen und Herausforderungen derjenigen verstünden, für die sie sprechen oder handeln. Nachdem wir Spivaks Reflexionen zur Stellung der Subalternen vernommen haben, können wir diesen Einwand nicht ganz von der Hand weisen.

Nicht geltend lassen möchte ich diesen Vorwurf jedoch gegenüber denjenigen, die ihn meinem Eindruck zufolge am häufigsten gehört haben: gegenüber Klimaaktivist*innen. Wer Greta Thunberg beim UN-Klimagipfel in New York vor Augen hat, als sie den versammelten Vertreter*innen der Regierungen der Welt sagte: «How dare you?» – «Wie könnt ihr es wagen», wegzusehen und eine unzureichende Klimapolitik zu machen –, der oder die mag sich fragen: Bekommen nicht gerade die Klimaaktivist*innen enorme Aufmerksamkeit? In den Medien und in der Politik? Und handelt es sich bei vielen Klimaaktivist*innen, zumindest in Europa, nicht um Menschen, die aus Akademiker-Haushalten kommen, gebildet sind und über die Ressourcen verfügen, auch auf institutionellen Wegen vorzugehen? Und nehmen sie dann nicht genau das in Anspruch, was ich gerade in verschiedener Hinsicht zu dekonstruieren versucht habe, nämlich: Stimmen zu repräsentieren, die sie nicht repräsentieren können?

Mit Blick auf den dekonstruktiven Ansatz des zivilen Ungehorsams sollte an dieser Stelle jedoch eine andere Deutung anerkannt werden. Denn Klimaaktivist*innen nehmen aus meiner Sicht tatsächlich eine Stellvertretung vor. Sie beziehen Stellung für diejenigen, die nicht auf der Straße vor Ort sein können und doch am meisten von den Folgen der Klimakrise und der Klimapolitik betroffen sind. Das sind – wie schon in der Bezeichnung «Letzte Generation» und «Fridays for Future» zum Ausdruck kommt – vor allem die kommenden Generationen. Es sind aber auch Menschen im globalen Süden, die nicht in Deutschland vor Ort sein können und dürfen. Und zuletzt sind es auch natürliche Entitäten, das heißt vom Aussterben bedrohte Arten oder vertrocknete Flüsse, die nicht für sich selbst sprechen können, denen aber zunehmend auch Rechte in Rechtsordnungen weltweit zugesprochen werden. Klimaaktivist*innen können dann zwar nicht einfach *für* diese Personen und Entitäten sprechen; aber sie können präsent machen, was nicht präsent sein kann.

Diese Sicht hilft uns zu zeigen, dass viele Ausdrucksweisen der Klimabewegung auf Dichotomien zurückgreifen, um Hierarchien infrage zu stellen und Verantwortungslagen aufzuzeigen. Das sind zum einen genau die eigenen Privilegien, die man als deutsches «Akademikerkind» gegenüber einem Kind aus dem globalen Süden hat. Vor allem wird aber der Gedanke der Abhängigkeit und der Verantwortung gegenüber Menschen in anderen Erdteilen, gegenüber kommenden Generationen und gegenüber der Natur hervorgehoben. Diese Verantwortung, die mit Fürsorge verbunden ist, spielt nicht nur in der feministischen Ethik eine wichtige Rolle, sondern auch in der bereits eingeführten Überzeugung, dass radikale Gleichheit gerade in geteilter Verletzlichkeit liegt. Die Anerkennung dieser Verantwortung betont die wechselseitige Abhängigkeit von Natur und Menschheit. Dadurch werden Themen wie Reproduktion, Natur und Kindheit aufgewertet und Dichotomien zwischen Natur/Kultur oder Kindheit/Erwachsensein infrage gestellt. Aus dieser Sicht gleichen Klimaaktivist*innen daher doch ein wichtiges Ungleichgewicht in der Vernehmbarkeit und Sichtbarkeit von Positionen aus.

2. *Einwand: Destruktive Kritik.* Ein verbreiteter Einwand gegenüber radikaldemokratischen Theorieansätzen im Allgemeinen und radikaldemokratischen Deutungen des zivilen Ungehorsams

im Speziellen lautet, dass sie im Modus der Kritik verhaftet blieben und nicht in der Lage wären, konstruktive Vorschläge – oder in meinem Vokabular: alternative und «bessere» Interpretationen der Verfassung – anzubieten. Dass radikale Demokratietheorien kein normatives Gegenangebot haben, hängt mit ihrem Verständnis von Demokratie und dem Politischen zusammen. Radikale Demokratietheorien reservieren den Begriff «Demokratie» für kritisch hinterfragende Praktiken. Ziviler Ungehorsam ist dabei, wie gesehen, eine Praxis der Infragestellung, die weder die Abschaffung von repräsentativen Institutionen noch konkrete politische Maßnahmen fordern muss. Die Infragestellung eröffnet vielmehr die Möglichkeit der Revision von Defiziten und die Neuaufteilung demokratischer Ordnungen. Diese Theorien bewerten die demokratische Qualität von Bewegungen anhand von Merkmalen wie Freiheit, Gleichheit, Offenheit und Inklusion. Sie lehnen normative Begründungsmodelle ab und betonen die Notwendigkeit einer ständigen Überprüfung und Anpassung politischer Entscheidungen. Radikale Demokratietheorien stehen damit für eine kontinuierliche Revisionsbereitschaft und eine Anerkennung der Unsicherheit demokratischer Gesellschaften.[22]

Wie wir gesehen haben, kann eine Infragestellung der Begründungsfundamente liberaler und deliberativer Grundannahmen uns helfen, zu verstehen, dass der Kriterienkatalog für den zivilen Ungehorsam, der aus diesen Annahmen folgt, so nicht aufrechterhalten werden kann. Der Ruf nach Verhältnismäßigkeit, Öffentlichkeit und Akzeptanz der Strafverfolgung sowie Kooperation mit den Behörden kann gerade aufgrund von strukturellen Ungerechtigkeiten nicht allen gleichermaßen abverlangt werden. Das können wir von radikaldemokratischen Ansätzen lernen. Aber schließen sich radikale Infragestellung und konstruktive Verfassungsinterpretation deswegen aus?

4
Recht verwirklichen

> Ich habe einen Traum, dass eines Tages diese Nation sich erheben und der wahren Bedeutung ihres Kredos gerecht werden wird, das da lautet: ‹Folgende Wahrheiten erachten wir als selbstverständlich: dass alle Menschen gleich geschaffen sind.›[1]

Diese Sätze sind der Höhepunkt einer Rede Martin Luther Kings in Washington, D. C. Er hielt sie am 28. August 1963 und damit zu einem Zeitpunkt, in dem zwar die amerikanische Bürgerrechtsbewegung bereits Tausende von Aktivist*innen mobilisiert und Millionen von Sympathisant*innen gewonnen hatte, die Rassentrennung aber immer noch nicht abgeschafft worden war.

Martin Luther King träumt in dieser Rede von einer Gesellschaft der Freien und Gleichen. Seine Vision basiert auf dem Glauben, dass die Verfassung das zentrale Versprechen der amerikanischen Unabhängigkeitserklärung einhalten sollte: das Versprechen, dass alle Menschen gleich geschaffen sind. Er glaubte nicht an eine gewaltsame Revolution, sondern an eine «richtige» Interpretation der Verfassung, die dieses Versprechen erfüllen könnte.[2] King zeigte durch sein Handeln, dass er bereit war, für die Verwirklichung dieses Traumes einzustehen, auch wenn dies bedeutete, gegen bestehende Gesetze zu verstoßen. Sein Mut, diese Wahrheit auszusprechen und als Person dafür einzustehen, brachte ihn ins Gefängnis, handelte ihm Hass und Bedrohungen ein und kostete ihn letztlich das Leben.

Ich nehme den Fall Kings als Ausgangspunkt, um zum Abschluss drei Thesen zur Bedeutung dessen zu formulieren, was ich als «ethische» Funktion des zivilen Ungehorsams bezeichne.

Erstens kann der Akt des Gesetzesbruchs die Verwirklichung eines höheren moralischen Gesetzes darstellen. Denn der Bruch einer gesetzlichen Norm kann zugleich die Befolgung einer anderen, moralisch begründeten Norm bedeuten.

In einem funktionierenden demokratischen Rechtsstaat sollte zweitens Vertrauen darauf bestehen können, dass die Verfassung die gute Ordnung ist, die dieses höhere Gesetz schützt und zugleich als Instrument dient, um die Gleichheit und Freiheit aller Bürger*innen zu gewährleisten. Die ethische Pointe des zivilen Ungehorsams zeichnet sich dementsprechend dadurch aus, dass er *den Traum von einer besseren Ordnung in die Verfassung und nicht in die Revolution legt.*

Drittens gelten Freiheit und Gleichheit als Leitprinzipien, um zwischen Handlungen zu unterscheiden, die mit den Grundwerten eines demokratischen Rechtsstaats vereinbar sind, und solchen, die diesen Werten widersprechen.

Ethische Konzeptionen zivilen Ungehorsams

In ethischen Konzeptionen stellt sich der zivile Ungehorsam einmal mehr als Konflikt mit den staatlichen Gesetzen dar. Diesmal jedoch, weil die Ungehorsamen sich von anderen Normen stärker gebunden fühlen, und zwar von jenen Normen, die ihnen ihr Gewissen beziehungsweise ihre Glaubensüberzeugungen vorgeben. Für den Rechtsstaat stellt sich dabei das Problem, die verschiedenen moralischen Maximen unter einen Hut zu bekommen. Wir wollen untersuchen, wie sich dieser Konflikt im Recht als ein Problem des «Rechtspluralismus» darstellt und zu diesem Zweck auf einige bekannte Ungehorsame und ihre Rechtfertigungsangebote zurückgreifen.

Eine Frage der Haltung. Als rechtsstaatliche Konzeptionen habe ich in Kapitel 2 Ansätze bezeichnet, die den zivilen Ungehorsam als Interpretation konkreter Verfassungsnormen oder -prinzipien begründen. Der Bruch «einfacher» Gesetze wird damit gerechtfertigt, dass der Gesetzesbruch der Verwirklichung der Verfassung und damit einem höherrangigen Gesetz dient. Dabei stellt die Verfassung einen Minimalkonsens dar, an dem sich die einfachen Gesetze und staatlichen Maßnahmen, aber auch die politische Gemeinschaft in der Unterstützung dieser Gesetze und Maßnahmen, messen lassen muss.

Mithilfe radikaldemokratischer Konzeptionen haben wir die Grundpfeiler dieses Konsenses angesägt. Ziviler Ungehorsam erscheint in dieser Perspektive als Infragestellung «selbstverständlicher» Interpretationen der Verfassung und Voraussetzungen des demokratischen Rechtsstaats.

Mit den ethischen Konzeptionen verlassen wir den Bereich der Vereinbarung und des Diskurses. Wer aufgrund ethischer Motive ungehorsam ist, misst sein Handeln an einem anderen Maßstab: am eigenen Gewissen sowie am religiösen oder spirituellen Glauben. Mit dem Attribut «ethisch» nehme ich Bezug auf das altgriechische Wort «Ethos», das unter anderem den guten Charakter bezeichnet. Aristoteles verstand in seiner *Rhetorik* ‹Ethos› als die Eigenschaft des Redners, authentisch und mit einer moralischen Grundhaltung zu sprechen, die sich erst in der praktischen Ausführung entwickeln kann.[3] Auch Jürgen Habermas knüpft in seiner Definition einer «ethischen Vernunft» an das Individuum und seine Integrität an. Laut Habermas stellen sich Fragen als ethische dar, wenn nicht bloß die Mittel, sondern die Ziele des Handelns selbst zum Gegenstand der Erwägung werden: «Wer in lebenswichtigen Entscheidungen nicht weiß, was er will, wird am Ende danach fragen, *wer er ist und wer er sein möchte*».[4]

Ethische Konzeptionen zivilen Ungehorsams sind mithin nicht

Teil eines theoretischen Unterfangens zur Rechtfertigung des demokratischen Rechtsstaats, wie es bei den rechtsstaatlichen Konzeptionen der Fall war. Ethisch bedeutet in diesem Kontext, dass die Frage des guten Lebens und guten Charakters der Frage nach der gerechten Ordnung erst einmal vorangeht. Entscheidend ist in diesen Konzeptionen daher nicht primär, wie wir mit den anderen zusammen handeln, sondern wie wir mit uns selbst leben können. Es geht hier um einen zentralen Konflikt: Welcher Norm ist im Zweifel eher zu folgen, dem Gesetz des Staats oder dem Gesetz des Gewissens? Der ethische Ungehorsam spricht sich für Letzteres aus.

Zurückgeworfen zu sein auf die eigene Selbstreflexion hat Autor*innen wie Hannah Arendt dazu bewegt, diese Ansätze nicht als «zivil» im Sinne von «bürgerlich» anzuerkennen.[5] Schließlich richtet sich der Konflikt zunächst nach innen und zeigt sich in vielen Fällen nicht als aktiver Widerstand, sondern als «Weigerung aus Gewissensgründen».[6] Meiner Ansicht nach greift diese Unterscheidung zu kurz. Es ist gerade eine der immer neu zu verhandelnden Fragen im demokratischen Rechtsstaat, wie das eigene Normensystem mit dem staatlichen Rechtssystem in Einklang gebracht werden kann. Manch ethisch motivierter Ungehorsam mag zu einem Rückzug aus der staatlichen Gemeinschaft führen. Wie wir sogleich sehen werden, überträgt ethisch motivierter Ungehorsam aber auch den Anspruch des eigenen Ethos auf die Erwartung an eine gute und gerechte politische und rechtliche Ordnung.

Thoreau, Gandhi, King

Anhand dreier Persönlichkeiten, die paradigmatisch für den zivilen Ungehorsam stehen, will ich dieses ethische Moment des zivilen Ungehorsams in seinen verschiedenen Fassungen aufzeigen. Für die Hoffnung auf Befreiung und Verwirklichung der guten und gerechten Ordnung stehen Mohandas Karamchand Gandhi (1869–1948) und Martin Luther King (1929–1968), während der amerikanische Schriftsteller Henry David Thoreau (1817–1862) eine Strategie des Rückzugs und der Verweigerung repräsentiert.

Thoreau: Erst Mensch, dann Untertan. Im Jahr 1846, einer Zeit vor dem Amerikanischen Bürgerkrieg, als in vielen Bundesstaaten die Sklaverei noch allgegenwärtig war, verweigerte Thoreau aus Protest gegen die Sklaverei und einen Expansionskrieg gegen Mexiko die Zahlung seiner Steuern an den Staat Massachusetts. Er verbrachte daraufhin eine Nacht im Gefängnis. Im Anschluss an dieses Erlebnis verfasste er eine Schrift, die zwar erst nachträglich mit *Civil Disobedience* betitelt wurde, aber doch als erster ausdrücklicher Beitrag zum Thema des zivilen Ungehorsams gilt.[7] Thoreaus Text bietet weder eine Definition noch Rechtfertigungsbedingungen des zivilen Ungehorsams an, sondern konstatiert eine moralische Pflicht: keine Pflicht, das Unrecht der Welt aktiv zu bekämpfen, aber eine Pflicht, sich zumindest die Hände insoweit «reinzuwaschen», als die staatliche Begehung von Unrecht nicht unterstützt werden dürfe.[8]

Thoreaus Haltung steht für eine fundamentale Kritik an staatlicher Herrschaft und diente als Inspirationsquelle nicht nur für Konzeptionen zivilen Ungehorsams, sondern auch für anarchistische Ansätze. Er selbst zog sich als Akt des Widerstands vor staatlicher Bevormundung in eine Hütte in den Wald zurück und beschrieb seine Erlebnisse in seinem Werk «Walden». Sein Kernkritikpunkt lautet dabei, dass Staaten für Herrschaft und nicht für Wahrheit und Integrität stünden. Auf das eigene Gewissen zu hören, ist nach Thoreau der zuverlässige Kompass auf der Suche nach Antworten auf die Frage: Was soll ich tun? Thoreau plädiert daher dafür, stets seinem Gewissen zu folgen anstatt Vertrauen in Mehrheitsentscheidungen zu setzen, die nicht notwendigerweise gerechte Ergebnisse hervorbringen.

Wie wir zu Beginn dieses Buches am Beispiel von Sokrates gesehen haben, nimmt der Mensch in der politischen Gemeinschaft verschiedene Rollen ein, die nicht unabhängig voneinander existieren. Sokrates war sowohl als Philosoph wie auch als Individuum der Wahrheit und seinem Gewissen gegenüber verpflichtet, als Bürger aber der politischen Gemeinschaft. Für Thoreau stellt sich der Konflikt in dieser Schärfe nicht. Er schreibt: «Ich denke, wir sollten zuerst Menschen sein und danach Untertanen».[9] Damit geht eine grundsätzliche Re-Justierung des Verhältnisses von Untertanen und Staat einher: Die Rolle als Individuum steht für Thoreau vor derjenigen im Staat, der ihm zufolge die Einzelperson als Untertan festlegt. Aus dieser Sicht überwiegen Gewissen und Integrität die Bürgerpflicht.[10]

Gandhi: Festhalten an der Wahrheit. Während Thoreau das Verhältnis zwischen Individuum und Staat in den Blick nimmt, sind King und Gandhi in eine religiöse, spirituelle, aber auch darüber hinausgehende politische Gemeinschaft eingebunden. Sie wollen nicht nur ihre eigene Integrität erhalten und fördern, sondern verfolgen ein politisches Ziel in ihrem persönlichen Kampf um Befreiung von Unterdrückung und Herrschaft.

Gandhi wird weithin als führende Figur sowohl geistiger als auch politischer Natur in der indischen Unabhängigkeitsbewegung angesehen. Über einen Zeitraum von fünf Jahrzehnten prägte er zahlreiche Kampagnen und Protestaktionen, die nicht nur in Indien, sondern auch in Südafrika stattfanden. Sowohl seine Aufrufe zum Boykott, insbesondere zur Arbeitsverweigerung, als auch kontroverse Hungerstreiks sowie die Praxis der «Satyagraha» sind in diesem Zusammenhang berühmt geworden.

Hinter dem Konzept des Satyagraha verbirgt sich eine geistige Haltung und eine ethische Praxis. Gandhi beschreibt es als «Festhalten an der Wahrheit», als «Wahrheitskraft», aber auch als «Liebeskraft» oder «Seelenkraft».[11] Wer Satyagraha praktiziert, rechtfertigt zivilen Ungehorsam mit Verweis auf eine höhere Wahrheit, die verpflichtender sei als das staatliche Gesetz. Die Ablehnung dieser Gesetze fällt bei Gandhi nicht so grundsätzlich aus wie noch bei Thoreau. Soweit sie dem Wohl der Gesellschaft dienen, steht er ihnen positiv gegenüber. Doch in schweren Konflikten müsse das höhere moralisch begründete Gesetz obsiegen.

Gandhi erörtert diese Haltung als ein Problem der Selbstachtung und der eigenen Würde. Denn: «Es kann keinen Kompromiss mit dem Irrtum geben, wenn die Seele dabei Schaden nimmt».[12] Ziviler Ungehorsam ist in diesem Zusammenhang dann nicht «nur» eine Stellungnahme, sondern dient als integre und authentische Handlung, die dem eigenen Gewissen folgt und dem Seelenheil dient.

M. L. King: Die «größte Hochachtung vor dem Gesetz». Ähnlich wie Gandhi betrachtet King seinen zivilen Ungehorsam als Ausdruck der Wahrheit und als Akt der Nächstenliebe. Der Akt des Gesetzesbruchs soll nach King offen und liebevoll («lovingly»[13]) erfolgen. Im zivilen Ungehorsam werden die anderen nicht als Gegner*innen angesprochen, sondern in ihrer Menschlichkeit.

Für unsere Überlegungen ist vor allem Kings Einordnung des staatlichen Rechts im Verhältnis zum Gesetz des Gewissens beziehungsweise Glaubens von besonderem Interesse. King spricht, anders als Thoreau, den staatlichen Gesetzen ihre Legitimation nicht grundsätzlich und rundheraus ab. Er knüpft diese Legitimation jedoch an ein notwendiges Kriterium, das über ein ordnungsgemäßes demokratisches Verfahren oder die Vereinbarkeit mit dem höherrangigen Recht der Verfassung hinausgeht: Gerecht seien die Gesetze nur dann, wenn sie mit dem «moralischen Gesetz» übereinstimmen.

Der Text, in dem King diese Einschätzung vornimmt, ist sein berühmter «Brief aus dem Gefängnis in Birmingham» von 1963.[14] Birmingham, Alabama, war einer der Schauplätze im Kampf gegen die Rassentrennung, an dem die amerikanische Bürgerrechtsbewegung protestierte und wo King in der Folge festgenommen wurde. Acht lokale Geistliche veröffentlichten in Reaktion auf Aktionen des zivilen Ungehorsams im Zusammenhang mit diesen Protesten einen offenen Brief unter dem Titel «A Call for Unity» (Ein Aufruf zur Einheit).[15] Darin wandten sie sich gegen Ereignisse, die «zum Teil von Außenstehenden gelenkt und angeführt» wurden – eine klare Anspielung auf King. Sie kritisierten King und die Aktivist*innen mit ähnlichen Argumenten, mit denen sich zivil Ungehorsame heutzutage konfrontiert sehen: Beteiligt euch an Verhandlungen, bewahrt die Geduld und ruft die Gerichte an, wenn euch Rechte verweigert wurden, anstatt die Gesetze zu brechen und «extremistisch» zu handeln.

Mit seinem Brief antwortet King auf dieses Schreiben. Gegen die Aufforderung zur Geduld stellt King klar, dass angesichts der horrenden Ungerechtigkeit gegenüber der Schwarzen Bevölkerung die Zeit zum Handeln gekommen sei:

> Seit Jahren höre ich nun schon das Wort ‹warte›! […] Aber mit diesem ‹warte› meinte man fast immer ‹niemals›. […] [W]enn Sie immer und immer wieder gegen das erniedrigende Gefühl ankämpfen müssen, ‹niemand zu sein› [*nobodiness*, S. A.] – dann werden sie verstehen, warum es uns so schwer fällt zu warten.[16]

Sodann richtet sich King gegen den Vorwurf, dass er und die Aktivist*innen das Gesetz brechen würden. Er entkräftet ihn in zwei Schritten: Der erste Schritt erfolgt unter Verweis auf die Rechtsprechung des Supreme Court, des Obersten Bundes- beziehungsweise Verfassungsgerichts. Dieses hatte in der bahnbrechenden Entscheidung *Brown vs. Board of Education* aus dem Jahr 1954 die Rassentrennung an öffentlichen Schulen für verfassungswidrig erklärt. An diese Entscheidung anknüpfend argumentiert King:

> Sie zeigen sich sehr besorgt darüber, daß wir die Absicht haben, Gesetze zu brechen. Das ist bestimmt eine berechtigte Sorge. Da wir die Leute so eifrig auffordern, dem Beschluß des Obersten Bundesgerichts vom Jahre 1954 zu gehorchen und die Rassentrennung in den öffentlichen Schulen aufzuheben, ist es ziemlich merkwürdig und paradox, daß sie nun in uns bewußte Gesetzesbrecher finden.[17]

Im zweiten Schritt nimmt King die gängige Kritik an Aktionen zivilen Ungehorsams vorweg: «Sie werden vielleicht fragen: ‹Wie können Sie es rechtfertigen, einige Gesetze zu übertreten und anderen zu gehorchen?› ».[18] Seine Antwort, um einen Akt des Ungehorsams zu rechtfertigen, ist so schlicht wie folgenreich:

> Ein gerechtes Gesetz ist ein von Menschen gemachtes Gesetz, das mit dem Gesetz der Moral oder dem Gesetz Gottes übereinstimmt. Ein ungerechtes Gesetz ist ein Gesetz, das mit dem Gesetz nicht harmoniert.[19]

King bindet damit die Geltung der staatlichen Gesetze an ihre moralische Qualität. Widerspricht das staatliche Gesetz dem Gesetz der Moral, dann kann ihm kein Gehorsam abverlangt werden. Vor diesem Hintergrund wird auch klar, warum für King der zivile Ungehorsam Ausdruck des allerhöchsten Respekts vor dem Gesetz ist («very highest respect for law»):

Ich behaupte, daß der die größte Hochachtung vor dem Gesetz zeigt, der ein Gesetz bricht, das ihm vor seinem Gewissen ungerecht erscheint, und bereitwillig die Strafe auf sich nimmt und ins Gefängnis geht, um damit das Gewissen seiner Mitbürger wachzurütteln und ihnen die Augen für die Ungerechtigkeit dieses Gesetzes zu öffnen.[20]

Rechtswelten im Konflikt

In Kings Ausführungen können wir eine mehrdeutige Verwendung des Begriffes ‹Gesetz› erkennen. Je nach Verwendung bezeichnet er damit das göttliche beziehungsweise das moralische Gesetz, das staatlich verabschiedete einfache Gesetz oder das höherrangige Gesetz der Verfassung. Um diese verschiedenen Begriffsbedeutungen nachzuvollziehen, möchte ich auf die Idee des Rechtspluralismus des amerikanischen Rechtstheoretikers Robert Cover zurückgreifen.

Konstruktive Interpretation. Wenn wir von Recht oder der Verfassung sprechen, meinen wir in der Regel Gesetzestexte. Wir sprechen von Recht, das in einem formalen Gesetzgebungsverfahren zustande gekommen ist. Robert Cover hingegen schreibt dem Begriff eine weitaus umfassendere und auch schillerndere Bedeutung zu. Für Cover gibt es nicht das eine Recht, sondern Recht nur im Plural. Recht ist nach Cover gleichbedeutend mit Rechtsgemeinschaften und ihren normativen Lebenswelten, das heißt, mit den – sozialen, religiösen, moralischen, beruflichen etc. – Regelsystemen, in denen sich Individuen bewegen und die ihrem Leben Sinn verleihen. Wie kommt er zu einem solchen Rechtsverständnis?

Covers Überlegungen werden geprägt von drei gedanklichen Einflüssen: einem sozialkonstruktivistischen, einem hermeneutischen und einem jüdisch-philosophischen Einfluss. Der erste Einfluss stammt von der Idee einer «gesellschaftlichen Konstruktion der Wirklichkeit».[21] Es handelt sich dabei um einen wissenssoziologischen Ansatz, dem zufolge die soziale Welt von den Individuen, ihrem Bewusstsein und ihren Erfahrungen mitproduziert wird. Cover greift die Idee auf, dass Individuen im Zusammenspiel mit der Gesellschaft die Welt um sich herum miterschaffen,[22] verbindet sie aber mit dem zweiten gedanklichen Einfluss, der philosophischen Hermeneutik Hans-Georg Gadamers, also einer Theorie des Verstehens. Gadamer geht davon aus, dass der Mensch in einen bestimmten zeitlich-historischen Kontext und eine soziale Welt eingebettet ist. Der eigene Standpunkt und die Position in der Welt weisen dem Menschen begrenzte Horizonte des Verstehens auf, die durch Interpretation erweitert werden können. Für Gadamer ist die Interpretation von Texten ein dynamischer Prozess, bei dem Interpret*innen mit ihren eigenen Horizonten und Vorurteilen an den Text herantreten. Vorurteile oder Vorverständnisse sind bei ihm nicht negativ konnotiert, sondern schlicht eine gegebene Voraussetzung, mit der sich jede*r Interpret*in auseinandersetzen muss, um den Sinn aus dem Kontext und Horizont des Textes zu erschließen. Dieser Prozess der Interpretation und des Verstehens verläuft in einer spiralförmigen Bewegung, in der sich sowohl die Vorurteile der Interpret*innen als auch der Sinn des Textes verändern («hermeneutischer Zirkel»).[23] Idealerweise nähern sich die beiden Horizonte einander an und verschmelzen miteinander.[24]

Bei der Interpretation von Rechtstexten ergibt sich die Besonderheit, dass ihre Interpretation auf eine Anwendung und Umsetzung bezogen ist. Diese Anwendungsbezogenheit erfordert nach Gadamer eine Art praktische Intelligenz, die eine flexible Übertragung der allgemeinen Regeln unter Berücksichtigung der Umstände ermöglicht. Gadamer betont, dass die juristische Auslegung nicht einfach eine Rekonstruktion historischer Normen ist, sondern eine bewusste Brücke zwischen Vergangenheit und Gegenwart schlägt, um Sinn zu vermitteln und Sinnentfremdung zu überwinden.[25]

Cover baut auf diesen Gedanken auf und argumentiert, dass die Rechtsfindung ein interpretativer und eng mit der Weltanschauung verbundener Prozess ist, in dem die Interpretin ihre Lebenswelt anspricht. Während Gadamer durch die Horizontverschmelzung eine Verbindung zwischen Vergangenheit und Gegenwart herstellt, richtet Cover den Blick in die Zukunft. Die Horizonte, die sich bei Cover durch die Rechtsauslegung annähern, sind nicht die eines vergangenen Textes und einer gegenwärtigen Leserin, sondern die Realität der gegenwärtigen Auslegung und die Vision einer besseren Zukunft. Die Interpretation dient Cover als Brücke in die Zukunft, indem sie normative Vorstellungen der Gegenwart konstruktiv umsetzt und neue normative Ideen für die Zukunft entwickelt.[26]

Dass diese Interpretationen und Entwürfe für eine normative Zukunft nicht exklusiv zu denken sind, verweist auf den dritten Einfluss auf Covers Denken: das jüdische Recht. Anders als in der katholischen Kirche, in der mit dem Papst eine Letztentscheidungsinstanz für die «richtige» Interpretation der Bibel festgesetzt ist, sieht laut Cover das jüdische Recht eine solche Instanz für die Auslegung der Thora nicht vor. Welche Regeln gelten, ist von Gemeinde zu Gemeinde, von Auslegung zu Auslegung unterschiedlich. Interpretation ist für Cover – im Anschluss an Gadamer und den Sozialkonstruktivismus – daher nicht nur eine auf die Vergangenheit gerichtete Rekonstruktion von Bedeutung. Cover versteht Interpretation vielmehr als einen Prozess, der regelgeleitete Lebenswelten erschafft, und bezeichnet ihn als *Jurisgenese.*[27]

Imperiale vs. sinnstiftende Rechtsordnungen. Es mag zunächst kontraintuitiv klingen, dass ausgerechnet das nüchterne und formale Recht eine sinnstiftende Funktion im Leben von Menschen erfüllen soll. Dieses Verständnis von Recht als geschriebenes Gesetz und Ergebnis formaler Verfahren entspricht jedoch nicht Covers Vorstellung. Geprägt von den oben genannten Einflüssen entwickelt er vielmehr ein lebensweltliches Verständnis von Recht. Der Begriff der Lebenswelt bezeichnet das Hintergrundwissen der Alltags- und Erfahrungswelt von Menschen, das wir als selbstverständlich und gegeben voraussetzen. Diese Art des Wissens basiert nicht auf theoretischen oder wissenschaftlichen Erkenntnissen, sondern ist geprägt von den kulturellen und sozialen Räumen, in denen wir aufwachsen und uns bewegen.

Dieses lebensweltliche Verständnis von Recht legt Cover zugrunde, wenn er schreibt: «Wir bewohnen einen *Nomos* – ein normatives Universum. Wir erschaffen und erhalten ständig eine Welt von richtig und falsch, von rechtmäßig und unrechtmäßig, von gültig und nichtig».[28] Cover unterscheidet daher zwischen zwei Arten von Rechtsordnungen oder «Nomoi», wie er sie bezeichnet: Auf der einen Seite steht ein schöpferischer Nomos, den er als «paideic Nomos» bezeichnet. Aufgrund seiner Sinn hervorbringenden Funktion übersetze ich ihn als «sinnstiftenden Nomos». Auf der anderen Seite steht ein weltbewahrender und ordnungserhaltender Nomos des staatlichen Rechts, den er als «imperial» bezeichnet.[29]

Der sinnstiftende Nomos basiert auf wechselseitiger Anerkennung und Verpflichtung innerhalb einer gemeinschaftlichen Struktur. Die Ordnung muss für das Individuum Sinn ergeben und Sinn stiften. Der Nomos wird gelehrt und muss verstanden werden. Die daraus resultierende Ordnung und Gemeinschaft integrieren das Individuum; Gemeinschaft und Individuum interpretieren die Regeln gemeinsam und formen so den Nomos. Das

Verständnis für die Regeln und der Gehorsam ihnen gegenüber bedingen sich gegenseitig. Daher erfordert die Mitgliedschaft nicht nur passive Beteiligung, sondern auch aktive Verinnerlichung des Nomos.

Das Beispiel, das Cover für sinnstiftende Nomoi vor Augen hat, sind Religionsgemeinschaften. Es können aber auch politische oder soziale Gruppierungen – aktivistische Gruppen oder enge Freundeskreise – sein, die das gleiche Wertesystem teilen und die gleichen Vorstellungen davon haben, wie eine gute Ordnung auszusehen hat. Das hohe Maß an Zustimmung und Mitwirkung hat aber auch zur Konsequenz, dass sinnstiftende Nomoi mit einem ordnungserhaltenden Moment in Widerspruch stehen. Cover verdeutlicht, dass der Nomos aufgrund seiner starken Einbindung und Zustimmungsbedürftigkeit nicht auf Dauer stabilisiert werden kann. Diskrepanzen, neue und alternative Interpretationen derselben Anschauungen und Gebote oder Werte führen zu neuen Erzählungen, die wiederum zu neuen Rechtswelten führen.

Während der sinnstiftende Nomos eine ethische Komponente in sich trägt, die darauf abzielt ein gutes, sinnerfülltes Leben zu ermöglichen und zu diesem Zweck auch neue «Nomoi» hervorzubringen, führt der imperiale Nomos des staatlichen Rechts zunächst zum genauen Gegenteil. Er zielt nicht auf die Schöpfung neuer Welten, sondern auf die Erhaltung bestehender ab. Die Gesetze des Staats beanspruchen laut Cover keine Legitimität durch Verständnis; sie werden nicht in kleinen Gemeinschaften erlernt und verinnerlicht. Sie gelten für alle Menschen gleich und unabhängig vom individuellen Verständnis oder der Zustimmung. Der Rahmen, innerhalb dessen sie existieren, ist nicht eine Erzählung, die im Nomos geboren und durch ihn aufrechterhalten wird; vielmehr bezieht sich der imperiale Nomos, das staatliche Recht, auf eine externe, über dem Nomos stehende Objektivität.

Dies spiegelt auch ein anderes Verständnis von Pluralismus wider. Der sinnstiftende Nomos denkt intern nicht pluralistisch; er konzentriert sich auf sich selbst und strebt nach einer engen Gemeinschaft mit umfassender Integration ihrer Mitglieder. Sinnstiftende Nomoi sind in sich geschlossen. Die Anforderungen daran, Mitglied eines sinnstiftenden Nomos zu sein, sind allerdings so hoch, dass diese Nomoi die Existenz anderer Nomoi voraussetzen. Sie erfordern extern einen Pluralismus oder – wenn man Covers Rechtsbegriff folgen will – einen Rechtspluralismus.

Die Rahmenbedingungen dafür werden vom imperialen Nomos bereitgestellt. Er ist darauf ausgerichtet, nicht nur den Konflikt zwischen individuellen Interessen, sondern auch den zwischen verschiedenen rechtlichen Sinnwelten zu befrieden. Das staatliche Recht kann beispielsweise Religionsfreiheit ermöglichen und Konflikte zwischen verschiedenen Religionsgemeinschaften lösen. Das ist die positive, rechts- und ordnungserhaltende Seite des imperialen Nomos. Laut Cover hat er jedoch auch eine dunkle, rechtsvernichtende Seite. Die negative Konnotation des Begriffs «imperial» ist beabsichtigt. Um seine umfassende Geltung zu ermöglichen, muss das staatliche Recht Entscheidungen treffen und die Interpretation seiner Gesetze durch Letztentscheidungsinstanzen, insbesondere durch Gerichte festlegen. Dadurch «zerstört» er andere Bedeutungsangebote zur Interpretation von Gesetzen, aber auch Verfassungswerten und -prinzipien.[30]

Fälle zivilen Ungehorsams können vor diesem Hintergrund als Interventionen betrachtet werden, in denen sich Ungehorsame gegen diese Zerstörung ihrer Interpretationen, gegen die Zerstörung des von ihnen geschaffenen Sinns wehren. Ein Beispiel dafür ist die Kriegsdienstverweigerung. Wenn ich etwa in einer pazifistischen Glaubensgemeinschaft aufgewachsen bin und mein Gewissen und mein Glaube mich daran hindern, den Kriegsdienst anzutreten, obwohl ich gesetzlich dazu verpflichtet bin, dann liegt darin ein Konflikt zwischen dem staatlichen Recht und dem sinnstiftenden Nomos meiner Glaubensanschauung und ihren Regeln. Werde ich dazu gezwungen und weigere mich, dann liegt darin nicht nur der Bruch der staatlichen Norm, sondern auch die Verwirklichung der Normen des sinnstiftenden Nomos meines Glaubens.

Erlösung durch Verfassung?

Das Beispiel der Kriegsdienstverweigerung zeigt aber auch, dass die Konflikte zwischen imperialen und sinnstiftenden Nomoi im Verfassungsstaat auf andere Art und Weise gelöst werden können als durch Ausschluss des Nomos aus dem staatlichen Recht: In Deutschland ist die Kriegsdienstverweigerung auch mit dem staatlichen Recht vereinbar, weil sie als Ausübung der Gewissensfreiheit geschützt ist. Verfassungen und die durch sie geschützten Rechte eröffnen Möglichkeiten, die eigenen Glaubensüberzeugungen mit dem staatlichen Recht zu vereinbaren, obwohl sie anderen normativen Welten als der staatlichen entstammen.

Auch Cover sieht diese Besonderheit im Verfassungsstaat. Seinen Überlegungen zufolge nimmt der imperiale Nomos des staatlichen Rechts durch die Verfassung eine emanzipatorische Wende. Sie bildet den Dreh- und Angelpunkt, an dem Recht als Sinnstiftung und Recht als Macht zusammenkommen. Denn die Verfassung, ihre zentralen Werte – also insbesondere die Grundrechte – sowie ihre Prinzipien – wie Klimagerechtigkeit oder Sozialstaatlichkeit – sind auf die Erzählungen, Anschauungen oder «Interpretationen» der sinnstiftenden Nomoi angewiesen. Die Verfassung dient als Rahmen, in dem sich Narrative in Form neuer Interpretationen entwickeln. Sie trägt diesen Sinn jedoch über die Grenzen einzelner Nomoi hinaus, beansprucht allgemeine Geltung und kann sich durchsetzen. Die Verbindung von Sinngebung durch den sinnstiftenden Nomos und der machtvollen Durchsetzung verwächst bei Cover zu der Idee eines «erlösenden Konstitutionalismus».[31]

Konstitutionalismus bezeichnet ein politisches Konzept, das darauf abzielt, staatliche Macht durch eine geschriebene Verfassung zu begrenzen und die Rechte der Bürger*innen zu schützen. Cover spricht von «Erlösung», wenn die in den sinnstiftenden Nomoi gewonnenen «Interpretationen» einer guten Ordnung auf die Befreiung von Ungerechtigkeit abzielen. Die Überzeugung von dem, was gut und gerecht ist, wird damit auf die gesamte Gesellschaft und ihre Umsetzung *auf die Verfassung projiziert.* Gemeinschaften, die dieses Verständnis der Verfassung übernehmen, nutzen ihre gemeinschaftliche Identität nicht nur zur Abgrenzung, sondern auch aktiv zur Gestaltung der sozialen Ordnung. Der Begriff der Erlösung ergibt sich daher in diesem Kontext auch daraus, dass es Vorstellungen einer guten Ordnung gibt, die nicht in den sinnstiftenden Nomoi allein verwirklicht werden können. So setzt beispielsweise die Vision der Klimagerechtigkeit voraus, dass nicht nur die Aktivist*innen, sondern auch die restliche Gesellschaft an einem Strang ziehen. Damit sich derartige Überzeugungen und Visionen durchsetzen können, sind sie auf die Macht des staatlichen Rechts angewiesen.

Verfassungsoptimismus vs. Verfassungspessimismus. Ich möchte den Gedanken des erlösenden Konstitutionalismus für meine These fruchtbar machen. Wenn ich im Kontext ethischer Konzeptionen vom zivilen Ungehorsam als Verfassungsinterpretation spreche, dann verweise ich auf die konstruktive und sinnstiftende Interpretation, die Cover vorschlägt. Verweigert jemand den Kriegsdienst aus einer pazifistischen Überzeugung heraus, dann bricht er nicht nur das Gesetz. Er drückt damit auch aus: Ich glaube an eine Welt, in der es keinen Krieg gibt.

*Verfassungs*interpretation ist dieser Akt des Ungehorsams aber nur dann, wenn er die Erwartung und normative Vision, die er damit verbindet, in die Verfassung legt. Oder mit seiner Handlung zumindest glaubt, in der Verfassungsordnung leben zu können, ohne seine Überzeugung verraten zu müssen. Verfassungsinterpretation ist ethisch motivierter Ungehorsam, wenn sich die Hoffnung auf eine bessere Zukunft als Hoffnung auf die Verfassung und nicht als Hoffnung auf eine Revolution zeigt.

Cover illustriert diesen Unterschied anhand zweier Figuren, die sich für die Abschaffung von Sklaverei und Sklavenhandel (*Abolitionismus*) einsetzten: William Lloyd Garrison (1805–1879) und Frederick Douglass (1817–1895). Garrison war ein US-amerikanischer Abolitionist und Schriftsteller, der eine führende Rolle im Kampf gegen die Sklaverei in den Vereinigten Staaten spielte. Garrison und seine Anhänger*innen strebten eine gleichberechtigte Gesellschaft ohne Sklaverei und Privilegien an. Unter der amerikanischen Verfassung, die von vornherein Schwarze und Sklaven ausschloss, sahen sie jedoch keine Möglichkeit, diese Vision zu verwirklichen. Garrisons Standpunkt war laut Cover, dass die Verfassung ersetzt werden müsse, um die grundlegenden Prinzipien von Freiheit und Gleichheit für alle zu gewährleisten. Da Garrison damit zugleich die Erweiterung und Neudeutung des ursprünglichen Verfassungstextes und seiner Bedeutungen ausschloss, hatte er ein eingeschränktes Verständnis von Verfassungsinterpretation.[32] Für die Garrison-Bewegung standen die Werte des eigenen sinnstiftenden Nomos daher in einem Gegensatz zur Verfassung.

Diesem Verfassungspessimismus steht der Verfassungsoptimismus von Frederick Douglass gegenüber. In Deutschland relativ unbekannt, gilt er in den USA als eine der Ikonen im Kampf gegen Sklaverei und für Menschenrechte. Douglass wurde als Sklave geboren, entkam aber 1838 der Sklaverei und schloss sich der abolitionistischen Bewegung an. Er und seine Anhänger*innen grenzten sich laut Cover von der Garrison-Bewegung ab, indem sie der Verfassung die Aufgabe zusprachen, die Gesellschaft zu einer gerechteren Ordnung zu transformieren. Und so entwirft Cover eine eigene Erzählung des von der Sklaverei befreiten Frederick Douglass, der durch seine Interpretation der Verfassung andere «erlösen» will.[33]

Visionäre Ansätze wie der von Douglass leiden allerdings daran, dass sie im Vergleich zu den kleinen sinnstiftenden Nomoi nicht auf die gleiche Akzeptanz in der Gesamtgesellschaft zählen können. Wenn die Welt durch die Verfassung verändert werden soll, dürfen Vision und Realität nicht zu weit auseinanderliegen. Dennoch argumentiert Cover, dass auch eine visionäre Neuinterpretation der Verfassung das Spektrum der Bedeutungen erweitert und davon auch das staatliche Recht profitieren kann. Die Gesellschaft ohne Sklaverei ist ein Beispiel dafür, wie eine Vision ihren Weg in die Verfassungsrealität gefunden hat.

I have a dream. Nicht ohne Grund nimmt auch Martin Luther King Bezug auf die verfassungsoptimistische, abolitionistische Bewegung. Er parallelisiert seine persönliche Situation und die der amerikanischen Bürgerrechtsbewegung mit der Situation der Schwarzen vor der Abschaffung der Sklaverei. Zu Beginn seiner Rede verweist King auf einen «großen Amerikaner», in dessen Schatten er am Fuße seines Denkmals stehe: Abraham Lincoln. Dieser hatte die Emanzipationsproklamation zur Abschaffung der Sklaverei unterzeichnet, die am 1. Januar 1863 und damit ziemlich genau einhundert Jahre vor Kings Rede vom August 1963 in Kraft getreten war. Die Proklamation erging inmitten des Amerikanischen Bürgerkriegs, einem Konflikt, der sich gerade auch an dem beharrlichen Festhalten der Südstaaten an der Sklaverei entfachte.

Erst nach dem Krieg, genauer am 31. Januar 1865, verabschiedete der Kongress der Vereinigten Staaten den 13. Zusatzartikel zur Verfassung, der die Sklaverei endgültig und offiziell abschaffte. Im Dezember 1865 ratifizierte schließlich der letzte Bundesstaat den Zusatzartikel, der dadurch Teil der amerikanischen Verfassung wurde und die Ziele der Emanzipationsproklamation verwirklichte.

Soweit King also auf Lincoln und die Emanzipationsproklamation Bezug nimmt, verdeutlicht er nicht nur, dass politische Bewegungen, auch wenn sie zunächst so aussichtlos erscheinen wie der Kampf gegen die Sklaverei, ihre Ziele durchaus erreichen können. Er erinnert – gleichsam implizit – vielmehr auch daran, dass die Emanzipationsproklamation eben doch eher ein symbolischer Akt war und die Sklaverei letztlich erst zwei Jahre später, nämlich nach dem Ende des Bürgerkriegs, abgeschafft werden konnte. Die Augenfälligkeit und Umsichtigkeit dieser Parallelisierung zeigt sich daran, dass die Rassentrennung tatsächlich erst durch den Civil Rights Act von 1964 und damit rund ein Jahr nach seiner Rede abgeschafft wurde – jedenfalls formal und gesetzlich.

Ungeachtet dessen verteidigt King das Mittel des zivilen Ungehorsams als Mittel auf dem Weg zu einer gerechten Gesellschaft. Um sich von Gewalt, Herrschaft und Ungerechtigkeit zu befreien, dürfe keine Gewalt eingesetzt werden. Dabei erkennt King zwar an, dass die Beschränkung auf gewaltfreie Mittel den Unterstützer*innen der Bürgerrechtsbewegung harte Opfer – beispielsweise Inhaftierung und Erduldung von Polizeigewalt – abverlangen wird. Dennoch fordert er sie unbeirrt auf: «Arbeitet weiter in dem Glauben, dass unverdientes Leid *erlösend* ist.»[34] Zugleich gibt er seinen Anhänger*innen mit, wofür es sich zu leiden lohnt. Trotz Herausforderungen und der Brutalität, mit der er und sie alltäglich konfrontiert seien, habe er immer noch einen Traum: den Traum von Freiheit und Gleichheit.

Das normative Universum, dem dieser Traum entspringt, ist zunächst sicherlich keine staatliche Rechtsordnung, sondern vielmehr der religiös begründete Glaube eines sinnstiftenden Nomos. King überträgt diesen Traum aber auf die Vereinigten Staaten: «Ich habe immer noch einen Traum. Und dieser Traum ist tief verwurzelt im amerikanischen Traum».[35] Dass dieser Traum die Vision einer richtigen Deutung der Verfassung beinhaltet, zeigt wiederum die eingangs zitierte Passage:

> Ich habe einen Traum, dass eines Tages diese Nation sich erheben und der wahren Bedeutung ihres Kredos gerecht werden wird, das da lautet: ‹Folgende Wahrheiten erachten wir als selbstverständlich: dass alle Menschen gleich geschaffen sind.›[36]

King zitiert damit nicht den eigentlichen Verfassungstext, sondern die amerikanische Unabhängigkeitserklärung. Diese hält den Moment der Revolution und der Befreiung fest. Dabei handelt es sich jedoch um den *verfassungsgebenden* Moment. Der amerikanische Traum ist für King die Verwirklichung dieses Ideals von Gleichheit. Die wahre Bedeutung dieses Glaubensbekenntnisses zu erkennen und sich danach als Verfassungsgemeinschaft auszurichten, ist demnach für King das eigentliche Anliegen der Bürgerrechtsbewegung.

King lebt diesen Traum in der unmittelbaren Gegenwart (*«I have a dream today»*). Sein Anliegen soll auch unter der geltenden Verfassung zu erreichen sein. Ganz so, wie Rosa Parks, die nicht hinten, sondern vorne, also dort, wo es den Weißen vorbehalten war, Platz nahm, sollen Schwarze nicht erst in der Zukunft dort sitzen, wo Weiße es schon jetzt tun. Sich den Vorschriften zur Rassentrennung zu widersetzen, verwirklicht den Traum von Gleichheit im Hier und Jetzt. Der Traum liegt also nicht in einer zukünftigen Revolution. Er manifestiert sich vielmehr in einer «richtigen» Verfassungsinterpretation, die ihren Ausdruck ganz praktisch und tatkräftig in jenem ausgeübten zivilen Ungehorsam findet, zu dem King auffordert.

In Democracy, we trust. Wie tief die Hoffnung auf Demokratie und Rechtsstaat mit der Idee der Erlösung und den Momenten des Ungehorsams in der amerikanischen Geschichte verwurzelt ist, zeigt sich auch an der jüngeren Geschichte der USA. Am 20. Januar 2021 trägt Amanda Gorman anlässlich der Amtseinführung des amerikanischen Präsidenten Joe Biden ein Gedicht vor. Es ist ein Tag, der auf ein Ereignis zurückblickt, das sich gerade einmal zwei Wochen zuvor ereignet hat und in dem sich der Ungehorsam nicht für, sondern vielmehr gegen die Demokratie gerichtet hat: der Sturm auf das Kapitol vom 6. Januar 2021.

King formulierte seine Hoffnung auf die Demokratie mit folgenden Worten:

> Jetzt ist es an der Zeit, die Versprechen der Demokratie wahr zu machen. Jetzt ist es an der Zeit, aus dem dunklen und trostlosen Tal der Rassentrennung auf den sonnenbeschienenen Weg der Rassengerechtigkeit zu gelangen.[37]

Gorman greift die Metapher von Licht und Dunkelheit auf, wenn sie in Reaktion auf den Sturm vorträgt: «Ein neuer Tag, und wir fragen uns, wo wir Licht finden sollen im nicht enden wollenden Schatten.»[38] Das Licht, aus dem Gorman ihre Hoffnung zieht, sind Momente, in denen die amerikanische Gesellschaft ihren Weg aus der Ungerechtigkeit gefunden hat. Wie schon King verweist Gorman darauf, dass Hoffnung sich lohnen kann. Wie sonst hätte sie als «dünnes Schwarzes Mädchen, Nachfahrin von Sklavinnen, Kind einer alleinerziehenden Mutter»[39] den Weg zur Amtseinsetzung der Präsidenten geschafft? An dieser und anderen Stellen in ihrem Gedicht verweist Gorman auf die Befreiung von der Sklaverei und die Fähigkeit der Vereinigten Staaten, sich aus sich selbst heraus zu erneuern und einen Anfang zu wagen.

Dass diese Fähigkeit, die Ordnung zu erneuern, nicht aus dem Gedanken von Recht und Ordnung zu ziehen ist, wird aber ebenfalls aus ihren Zeilen deutlich: «Wir haben gesehen, dass Ruhe nicht immer gleich Friede ist, / unsere Anschauung und Auslegung dessen, was scheinbar recht ist, nicht immer gerecht».[40] Damit zeigt Gorman einen Gedanken der Gerechtigkeit auf, der hinter den geschriebenen Normen des einfachen Gesetzes liegt: Nicht alles, was Recht ist, muss demnach Gerechtigkeit sein. Die gegebenen Umstände müssen nicht einfach so hingenommen werden.[41]

Gorman referiert auf die Bibel, die amerikanische Geschichte und ihre persönliche Geschichte. Ihr Gedicht kulminiert jedoch in der Hoffnung auf die Demokratie:

> Aber die Demokratie mag sich zeitweise hemmen lassen / doch nie für alle Zeit verhindern.
> Auf diese Wahrheit, auf diesen Glauben vertrauen wir [in this truth, in this faith, we trust],[42]
> denn während wir den Blick in die Zukunft richten, richtet die Geschichte ihren Blick auf uns.
> Dies ist das Zeitalter der gerechten Erlösung [This is the era of just redemption].[43]
> Wir fürchteten ihren Anfang.
> Wir fühlten uns dem Vermächtnis dieser Schreckensstunde nicht gewachsen.
> Und fanden doch mit ihrem Anbruch die Kraft, ein neues Kapitel aufzuschlagen,
> uns Hoffnung und Heiterkeit zu gestatten.

Mit «Erlösung» bezeichnet Gorman den Moment des Neuanfangs nach den Ereignissen des 6. Januar 2021. Auch Gorman vertraut darauf, dass es für diesen Neuanfang keines neuen verfassungsgebenden Ereignisses bedarf, sondern die amerikanische Demokratie sich selbst erneuern kann. Während auf den Dollarscheinen «In God, We Trust» stehen mag, setzt Gorman ihr Vertrauen in das Versprechen der amerikanischen Verfassung auf Freiheit und Gleichheit und die Demokratie («In this truth / in this faith, we trust»).

Ein Einwand: Das Problem der Absolutheitsansprüche. Gormans Gedicht führt unmittelbar zu einem Einwand, der sich mit dem Gedanken der «Erlösung» aufdrängt. Bezogen auf die USA etwa müssen wir uns fragen: Wie gehen wir damit um, wenn Trumps-Anhänger*innen an Verschwörungstheorien von QAnon glauben, denen zufolge Machthaber*innen in den USA hinter den Kulissen Sex-Handel betreiben? Was ist, wenn sie von diesem imaginierten Staat hinter dem Staat («*Deep State*») «erlöst» werden wollen?[44] Bezogen auf Deutschland: Wie bewerten wir es, wenn autoritäre Erzählungen «Sinn» stiften, und Menschen von einem ethnisch «gesäuberten» Deutschland und von «Remigration» von Menschen mit Einwanderungsgeschichte träumen? [45]

Der Begriff der Erlösung steht in einem Spannungsverhältnis zur Demokratie und dem, was wir in Kapitel 1 als «Fundamentlosigkeit» kennengelernt haben. Ich möchte an dieser Stelle daher noch einmal Böckenförde zitieren:

> *Der freiheitliche, säkularisierte Staat lebt von Voraussetzungen, die er selbst nicht garantieren kann.* Das ist das große Wagnis, das er, um der Freiheit willen, eingegangen ist. Als freiheitlicher Staat kann er einerseits nur bestehen, wenn sich die Freiheit, die er seinen Bürgern gewährt, von innen her, aus der *moralischen* [Hervorhebung S. A.] Substanz des einzelnen und der Homogenität der Gesellschaft, reguliert. Anderseits kann er diese inneren Regulierungskräfte nicht von sich aus, das heißt mit den Mitteln des Rechtszwanges und autoritativen Gebots, zu garantieren suchen, ohne seine Freiheitlichkeit aufzugeben und – auf säkularisierter Ebene – in jenen Totalitätsanspruch zurückzufallen, aus dem er in den konfessionellen Bürgerkriegen herausgeführt hat.[46]

Böckenförde erklärt in diesen Zeilen zum einen, dass der freiheitliche Staat sowohl auf die moralische Integrität der Bürger*innen als auch auf eine «Homogenität der Gesellschaft» angewiesen ist. Darin tritt ein ähnlicher Gedanke hervor wie in der Konzeption von «sinnstiftenden» Nomoi bei Cover: Dass jede ihre Freiheit nicht gegen die anderen gebraucht, setzt einerseits eine Art von Zustimmung und innerer Verbundenheit zum «Nomos» voraus. Andererseits zeichnet sich die Freiheitlichkeit des Staates gerade dadurch aus, dass diese innere Haltung nicht abverlangt werden kann, ohne in einen «Totalitätsanspruch», also in ein allumfassendes Verlangen nach Um- oder Durchsetzung, zu verfallen.

Ethische Ansprüche, die Ungehorsame an sich selbst stellen oder die ihnen durch eine religiöse Glaubensüberzeugung vorgegeben werden, präsentieren sich als bindend: «Hier stehe ich und kann nicht anders».[47] Ob damit nun das eigene Gewissen oder Wort Gottes gemeint ist – dieser ethische Wahrheitsanspruch tritt mit einer ihm eigentümlichen Absolutheit auf. Wird die eigene Gewissensentscheidung durch eine Konzeption des erlösenden Konstitutionalismus auf alle anderen übertragen, tappen wir dann nicht genau in die Falle der Totalitätsansprüche, vor denen Böckenförde uns warnt? Wie kann also ein ethisch motivierter Ungehorsam als erlösender Konstitutionalismus auftreten und doch mit dem freiheitlichen demokratischen Rechtsstaat in Einklang gebracht werden?

Diese Fragen möchte ich in zwei Schritten beantworten. Der zweite Schritt erörtert, wie wir mit dem Absolutheitsanspruch umgehen, mit dem ethisch motivierte Ungehorsame auftreten. In einem ersten Schritt möchte ich noch ein letztes Mal Freiheit und Gleichheit als Maßstab gegen autoritäre Erzählungen einer vermeintlichen «Wahrheit» in Stellung bringen.

Noch einmal: Freiheit und Gleichheit als universalistische Prinzipien

In Kapitel 1 habe ich Freiheit und Gleichheit mit einem Recht auf Rechte auf der einen Seite und einer Art Pflicht beziehungsweise wechselseitigen Verantwortung auf der anderen Seite beschrieben, die sich aus der gleichen Verletzlichkeit aller Menschen ergibt.

Wenden wir diesen Maßstab an, dann schließt eine «Remigration» Menschen aus, die in dieser politischen Gemeinschaft namens ‹Deutschland› aufgewachsen und ein Teil von ihr sind. Anders ausgedrückt: Ihnen wird die Teilhabe an dieser Gesellschaft und die gleiche rechtliche Stellung darin verweigert. Das wäre mit dem Gedanken eines Rechts auf Rechte nicht vereinbar. «Rassentrennung» abzuschaffen, bedeutet gerade, allen Menschen die gleichen Rechte zuzusprechen und damit die Bedingungen zu schaffen, damit sie an der politischen Gemeinschaft teilhaben können. Dass King dieses Recht nicht ohne Rücksicht auf eine Verantwortung in Anspruch nahm, zeigt sich daran, dass er immer wieder zur Beschränkung auf gewaltlose Mittel des Protestes mahnt.

Dagegen lässt sich nunmehr einwenden, dass es sich bei King und der Bürgerrechtsbewegung um ein (aus heutiger Perspektive) offensichtliches Beispiel handelt. Wie aber steht es um die Klimaaktivist*innen? Lässt sich der Klimaaktivismus am Maßstab der Freiheit und Gleichheit messen?

Das Anliegen vieler Klimaaktivist*innen ist es nicht, das Klima um seiner selbst willen zu schützen, sondern mit dem Klima einen Lebensraum für Menschen auf der Welt zu erhalten. Das kommt beispielsweise in der Aussage der «Klimagerechtigkeitsaktivistin» Sheena Anderson zum Vorschein:

> Denn, ganz vereinfacht gesagt, geht es bei Klimagerechtigkeit um ein gerechtes, faires, friedvolles und schönes Miteinander auf diesem Planeten – es geht um den Schutz unserer selbst, unserer Mitmenschen und der Erde.[48]

Meines Erachtens kommt in dieser Aussage – sowie in der von *Fridays for Future* und der *Letzten Generation* immer wieder angemahnten Verantwortung für kommende Generationen und in der Bezugnahme dieser Gruppierungen auf die Verfassung und Verfassungsrechtsprechung – zum Ausdruck, dass es zumindest einem großen Teil der Aktivist*innen darum geht, den Lebensraum Erde für die *Menschheit* zu erhalten. Dadurch sollen zukünftige Generationen und Menschen in den Teilen der Welt, die besonders von der Klimakrise betroffen sind, noch die Möglichkeit haben, ihre Menschen- und Bürgerrechte zu verwirklichen und in demokratischen Ordnungen zu leben. Das heißt mit anderen Worten: Die Aktivist*innen wollen damit ein Recht auf Rechte sichern. Zugleich erkennen sie damit auch die globale Abhängigkeit von Menschen untereinander und zwischen Mensch und Natur an. Klimaschutz ist vor diesem Hintergrund nicht nur vereinbar mit Freiheit und Gleichheit. Der Begriff «Klimagerechtigkeit» meint gerade einen Kampf für Gleichheit, global und über die Generationen hinweg (also intertemporal).

Bei zivilem Ungehorsam geht es aber nicht nur um die Anliegen, sondern auch darum, mit welchen Mitteln ein «gutes» Anliegen verfolgt werden darf. Das wird zu Recht bei den verschiedenen Aktionsformen der *Letzten Generation* und anderer Gruppierungen kontrovers diskutiert. Aber das nächste Mal, wenn man versucht sein sollte, Klimaaktivismus als extremistisch und kriminell einzuordnen, mag man sich an die folgenden Sätze aus Kings «Brief aus dem Gefängnis in Birmingham» erinnern:

> Verschiedentlich ist gefragt worden: ‹Warum habt ihr der neuen Regierung keine Zeit zum Handeln gelassen?› Ich kann darauf nur antworten, daß die neue Regierung ebenso zum Handeln angetrieben werden muß wie die alte. […]. Die Menschheitsgeschichte ist die lange und tragische Geschichte der Tatsache, daß Privilegierte ihre Privilegien selten freiwillig aufgegeben.[49]

Protestbewegungen erscheinen oftmals erst in der Retrospektive legitim.[50] Und auch Martin Luther King galt nicht immer als die Ikone, die er jetzt ist. Während ihm nunmehr in Washington, D. C. ein eigenes Denkmal und in den USA ein nationaler Feiertag gewidmet wurde, lehnten ihn 63 Prozent der Befragten in einer Umfrage von 1966 ab.[51] Das ist keine Rechtfertigung für ungehorsamen Klimaprotest, aber vielleicht doch ein Indiz dafür, wie man künftig auf diese Proteste zurückblicken könnte.

Wahrsprechen vs. Besserwisserei

So positiv meine Deutung des Klimaaktivismus bislang ausgefallen ist, so sehr möchte ich negative Facetten nicht verschweigen. Beispielsweise ist die Rhetorik der Klimaaktivist*innen oft vom Narrativ der Alternativlosigkeit geprägt, das wir an anderer Stelle bereits kritisch betrachtet haben.[52] Das zeigt allein schon der Name der Gruppe «Extinction Rebellion» (Rebellion gegen das Aussterben). Einer ihrer Gründer, Roger Hallam, findet dementsprechend deutliche Worte: «Wir haben die Wahl: Entweder wir geben uns dem Tod hin, oder wir rebellieren, um die politischen Eliten dazu zu bringen, unser aller Überlebenschancen zu maximieren.»[53] Hallam geht noch weiter und spielt – im Gegensatz zu der oben vorgenommenen Deutung der Klimagerechtigkeit – den Klimaschutz gegen die Demokratie aus:

> Weil dieses Thema [Klimaschutz, S. A.] größer ist als die Demokratie, oder wie auch immer Sie das beschreiben wollen, was derzeit noch davon übrig ist. Wenn eine Gesellschaft so unmoralisch handelt, wird Demokratie irrelevant. Dann kann es nur noch direkte Aktionen geben, um das zu stoppen.[54]

Damit komme ich zum zweiten Schritt, also zu der Frage, wie der demokratische Rechtsstaat mit Absolutheitsansprüchen umgehen kann. Ich möchte zur Beantwortung auf zwei Impulse aus der Philosophie zurückgreifen.

Der erste Impuls entspringt der *Parrhesia*, also einer Praxis des Wahrsprechens, während der zweite aus der Unterscheidung zwischen Fakten (*matter of fact*) und Wahrheit als Gegenstand der gemeinsamen Sorge (*matter of concern*) herrührt. Beide Begrifflichkeiten helfen uns, eine dem zivilen Ungehorsam eigene Haltung herauszustellen.

Mit der Parrhesia bezeichnet Michel Foucault unter Rückgriff auf die antike Philosophie eine Praxis, die die komplexen Beziehungen zwischen Wahrheit, Macht und Wissen vermittelt. Ziel der Parrhesia ist es weder, jemanden gegen seinen Willen zu überzeugen, noch folgt sie einer bestimmten diskursiven Struktur. Sie erfordert keine spezielle Autorität, sondern ist vielmehr durch vier grundlegende Aspekte gekennzeichnet.[55]

Das erste Element ist die Verfassung, die dem Individuum das Recht auf Redefreiheit als gleichberechtigtes Recht in einer demokratischen Ordnung gewährt. Diese Rede- oder Meinungsfreiheit bildet die Grundlage für die Ausübung der Parrhesia. Zweitens besteht der Zweck der Parrhesia darin, Einfluss zu nehmen und sich in das politische Machtspiel einzumischen. Dies geschieht jedoch nicht durch rhetorische Tricks, sondern indem sich die sprechende Person der Wahrheit verpflichtet sieht. Das dritte Element der Parrhesia ist daher auch die subjektive Natur der Wahrheit, die gesprochen wird. Während frühere Vorstellungen von Wahrheit eine objektive Realität implizierten, entwirft Foucault ein Wahrheitsverständnis, das durch persönliche Überzeugungen und den Einsatz des sprechenden Subjekts bestimmt ist. Das letzte und entscheidende Element ist der Mut des sprechenden Subjekts, sich für seine Überzeugungen einzusetzen, selbst wenn das Konflikte und Feindschaften mit sich bringt. Dieser Mut bildet die moralische Komponente der Parrhesia und birgt ein Risiko, das bis hin zum eigenen Tod reichen kann.

In der zeitgenössischen Gesellschaft interpretiert Foucault die Parrhesia als eine kämpferische Haltung, die sich in Aktivismus und Widerstand manifestiert. Die Parrhesia weist tatsächlich Parallelen zum Umgang mit der Wahrheit bei Gandhi und King auf. Der Anspruch, die Wahrheit zu sprechen, wird bei ihnen durch die Ablehnung von Gewalt als Mittel des Protests relativiert. Gandhi beispielsweise äußerte diesbezüglich, dass Gewalt allein schon deswegen kein legitimes Mittel sei, weil immer die Möglichkeit bestehe, dass auch die Aktivist*innen sich *irren*. Statt Gewalt nutzen sowohl die Praxis der Parrhesia als auch spirituell begründeter Ungehorsam die Risikobereitschaft als Mittel, um zu überzeugen.[56] In modernere Begriffe gefasst, unterstreichen die Ungehorsamen durch die Bereitschaft, sich anfeinden zu lassen und eine Strafe für ihr Verhalten zu akzeptieren, die Authentizität ihrer Überzeugungen und die Integrität ihres Charakters. Dieses Risiko selbst ist Zeugnis dafür, dass sie die Wahrheit sprechen und von der Wahrheit ihrer Ansichten sowie der Bedeutung ihrer Anliegen überzeugt sind.

Ziviler Ungehorsam, der diese Haltung vermissen lässt, ist nicht mehr «zivil»: Er versteht sich nicht mehr als eine Stellungnahme in einer Gemeinschaft von Mitmenschen und ihrer Anerkennung als Freie und Gleiche.

Den zweiten Impuls, den ich aus der Philosophie aufgreife, ist die Unterscheidung von *matter of fact* und *matter of concern*.[57] Es handelt sich dabei um eine Unterscheidung des Philosophen Bruno Latour. Latour war, ähnlich wie Foucault, einem poststrukturalistischen Denken verhaftet. Dabei handelt es sich um eine philosophische und erkenntnistheoretische Denkrichtung, die die Rolle von Macht und sozialen Verhältnissen bei der Konstruktion von Wissen und auch «Wahrheiten» herausarbeitet und hervorhebt.

Dieser Zugriff auf Wahrheit, wie auch schon die Vorstellung von subjektiven Wahrheiten im Plural bei Foucault, birgt jedoch Tücken. Verschwörungstheorien werden zunehmend salonfähig. Autoritäre Bewegungen und Parteien, die sie aufgreifen und erzählen, gewinnen an Zustimmung. Angesichts dieser Entwicklung stellt Latour fest, dass «gefährliche Extremisten» dasselbe Argument der sozialen Konstruktion nutzen wie er und seine Kolleg*innen, um «hart erkämpfte Beweise» durch ihre Infragestellung zu zerstören.[58] Das eigentliche Ziel der Kritik sollte jedoch sein, der Realität näherzukommen und nicht ihre Existenz zu leugnen. Für Latour spiegelt sich diese Realität weniger in Tatsachen als vielmehr im Umgang mit ihnen wider. Daher schlägt er vor, die soziale Dimension der Dinge anzuerkennen. Es ist mittlerweile allgemein anerkannt, dass die Wahrnehmung der Welt genauso wie Forschungsergebnisse von räumlich-zeitlichen Kontexten und Vorverständnissen beeinflusst werden. Latour argumentiert, dass wissenschaftliche Erkenntnisse über den Klimawandel oder das Covid-19-Virus daher nicht einfach als Fakten, sondern als «Dinge von Belang» betrachtet werden sollten, gewissermaßen als gemeinsame Anliegen. Aus der Tatsache, dass Menschen nicht nur in einer Realität existieren, sondern diese durch ihr Handeln und ihre Erfahrungen mitkonstituieren, sollte daher nicht geschlossen werden, dass diese Realität weniger real ist, sondern im Gegenteil, dass sie und ihre Wahrheit erst recht Sorge verdienen.

Diese Sorge um die Wahrheit ist der Idee der Parrhesia ähnlich. Foucault verdeutlicht sie am Beispiel von Sokrates, wie das Aussprechen der Wahrheit, die Parrhesia, zwar in der Polis mit den Mitbürgern stattfindet, aber vor allem eine ethische Praxis aus Sorge um die eigene Seele darstellt. In der zeitgenössischen Demokratietheorie wird demgegenüber teilweise die demokratische Seite der Parrhesia hervorgehoben. Sie ist eine Möglichkeit, Einfluss jenseits von Institutionen und Hierarchien auszuüben. Entscheidend ist in der Demokratie, dass nicht einfach Wahrheiten festgelegt werden, sondern dass über die eigenen Überzeugungen gesprochen werden muss – im Dialog oder auch im Streit mit anderen.

Diese Sicht hilft uns auch dabei, gegen jene Verschwörungstheorien zu argumentieren, die beispielsweise Trumps Anhänger*innen zu einem Sturm auf das Kapitol veranlasst haben, oder gegen Geheimtreffen autoritärer Gruppierungen. Denn in Trumps offensichtlichen Lügen sowie unbelegten und absurden Behauptungen tritt ein rücksichtsloser Umgang mit der Wahrheit hervor.[59] Geheimpläne für Deutschland basieren nicht auf dem Dialog und der transparenten Kommunikation, den die Sorge um Wahrheit in der Demokratie voraussetzt. «Wahrheit» findet Einzug in die Demokratie nicht einfach als Fakt, sondern als Anliegen von Belang und Gegenstand gemeinsamer Sorge. Ziviler Ungehorsam zeichnet sich dadurch aus, aus einer Richtigkeitsüberzeugung heraus zu handeln, ohne sie mit einem Totalitätsanspruch durchsetzen zu wollen.

Schluss

Drei Zugänge zum zivilen Ungehorsam habe ich vorgestellt: einen rechtsstaatlichen, einen radikaldemokratischen und einen ethischen.

Als rechtsstaatliche Konzeption habe ich einen Ansatz bezeichnet, nach dem Ungehorsame mit dem demokratischen Rechtsstaat nicht in Konflikt geraten, sondern ihn im Gegenteil verteidigen. Das spiegeln die Kriterien wider, die diese Ansätze aufstellen: Der Ungehorsam soll ihnen zufolge verhältnismäßig, gewaltlos, rein symbolisch und kooperativ sein, um auf Versöhnung mit den Institutionen abzuzielen und die Anliegen der Ungehorsamen durch Verfassungsinterpretation zu integrieren. Durch gerichtliche Prüfung von Testfällen kann dieser Ungehorsam das Recht reformieren und einen Beitrag zur Verfassungsinterpretation in einer offenen Gesellschaft leisten.

Unter Zuhilfenahme radikaldemokratischer Ansätze haben wir jedoch gesehen, dass rechtsstaatlicher Ungehorsam das Risiko birgt, Protestpotenziale durch einen anspruchsvollen Kriterienkatalog einzuschränken und demokratische Erneuerung zu erschweren. Radikal sind diese Ansätze, insofern sie den Ungehorsam als eine Praxis der Infragestellung von normativen Grundlagen und Annahmen der politischen Gemeinschaft verstehen.

Radikaldemokratische Konzeptionen können jedoch zunächst nur bedingt als «zivil» bezeichnet werden. Denn radikaldemokratischer Ungehorsam zielt nicht auf Integration, sondern auf Störung und Verunsicherung. Er überschreitet bewusst die Kriterien des rechtsstaatlichen Ungehorsams und stellt die Bedeutung des Begriffs «zivil» infrage. Mit meinem Ansatz habe ich versucht, den radikaldemokratischen Ungehorsam einzufangen. Das gelingt, indem ich ihn als eine Form der disruptiven Verfassungsinterpretation betrachte, die nicht nur punktuelle Veränderungen innerhalb der Verfassung anstrebt, sondern eine unterbrechende Verhandlung ihrer Grenzen. Im Gegensatz zu vielen Positionen innerhalb der radikalen Demokratietheorie, die die symbolische Verhandlung politischer Fragen außerhalb der Verfassung situieren, will ich behaupten, dass die Verfassung vielmehr der symbolische Raum der Verhandlung ist, sofern sie festlegt, wer Teil der politischen Gemeinschaft ist, welche Mittel des Protests gerechtfertigt sind und was als öffentlicher Raum gilt. Mit dem radikaldemokratischen Zugriff zeigt sich ziviler Ungehorsam nicht als Interpretation, sondern als Dekonstruktion etablierter Interpretationen. Er reflektiert und kritisiert die Zugangsmöglichkeiten zu demokratischen Verfahren und Diskursen.

Die zuletzt vorgestellten ethischen Konzeptionen zielen nicht primär auf die Aufrechterhaltung der Ordnung des demokratischen Rechtsstaats, sondern auf den Erhalt eigener sittlicher Vorstellungen, die Menschen für sich als bindend empfinden. Wenn diese Vorstellungen mit der Verwirklichung von Freiheit und Gleichheit unter der Verfassung einhergehen, dann wird der demokratische Rechtsstaat angereichert durch eine Idee der «Erlösung» von Ungerechtigkeit und Herrschaft durch die Verfassung. Dieser Ansatz beruht auf einem Verständnis des guten Lebens, wobei der zivile Ungehorsam eine Möglichkeit darstellt, diesem Selbstverständnis gerecht zu werden, wenn persönliche Überzeugungen mit der staatlichen Ordnung in Konflikt stehen. Der zivile Ungehorsam erfüllt in diesem Bild eine vorausweisende Funktion: Er praktiziert im Hier und Jetzt schon jene gute Ordnung, die er für die Zukunft erst erträumt.

Berührungspunkte zur Verfassungsinterpretation ergeben sich in zweifacher Hinsicht: Zum einen ist das staatliche Recht auf die

Bedeutungsschöpfung in kleineren Gemeinschaften angewiesen, um Begriffe wie Religion, Gewissen, Versammlung oder auch Kunst verstehen zu können, die in der Verfassung verwendet werden. Zum anderen sind die von kleinen Gemeinschaften geschaffenen Normen auf den liberalen Rechtsstaat angewiesen, da dieser ihre plurale Existenz ermöglicht.

Diese verschiedenen Zugänge ergeben noch keine einheitliche Theorie des zivilen Ungehorsams. Ich verstehe sie vielmehr als drei Dimensionen eines mannigfaltigen Phänomens, das mit «zivilem Ungehorsam» auf einen schillernden Begriff gebracht wird. Mit der Rede von «Dimensionen» greife ich dabei die Metapher eines Koordinatensystems auf. Wenn wir uns nur auf einer Achse bewegen, dann verliert das Phänomen des zivilen Ungehorsams an Mehrdimensionalität. Den Ungehorsam mit radikaldemokratischen Konzeptionen nur als Infragestellung oder mit ethischen Konzeptionen nur als individualistischen Ausdruck der eigenen Gewissensentscheidung zu sehen, hebt jeweils nur eine Funktion hervor. Mein Ziel bestand allerdings darin, ein dreidimensionales Verständnis zu entwickeln, das die verschiedenen Dimensionen in den Blick nimmt, aber doch an ein und demselben Begriff systematisch arbeitet.

Der Nexus, der dieses Verständnis zusammenhält, ist die Verfassung. Der legitime, also im eigentlichen Sinne «zivile» Ungehorsam, den ich suche und untersuche, steht im Dienste einer guten Ordnung – also einer Ordnung, die Freiheit und Gleichheit zu verwirklichen versucht. In meiner Lesart ist allen Konzeptionen die Erkenntnis gemeinsam, dass in der demokratisch-rechtsstaatlichen Ordnung auch alles anders verstanden werden kann. Gleichzeitig hält der Gedanke der Verfassungsinterpretation am Begriff der Verfassung im Sinne einer guten Ordnung und damit an einem Ideal von Freiheit und Gleichheit fest.

Welche Auswirkungen hat ein solcher Zugriff auf die juristische Praxis? Im Recht müssen Entscheidungen getroffen werden. Ein Verständnis des zivilen Ungehorsams als Verfassungsinterpretation kann bei der Auslegung rechtlicher und unbestimmter Begriffe eine Rolle spielen, so zum Beispiel bei der Frage, ob man den Einsatz der eigenen Verletzlichkeit als Gewalt bewerten will oder ob Versammlungen nur dann von der Versammlungsfreiheit geschützt sind, wenn sie nicht die Ordnung stören. Bei der strafrechtlichen Bewertung der Frage, ob ein Handeln gerechtfertigt ist oder wie die Strafe bemessen werden soll, gehen Ansätze einer nur scheinbaren staatlichen Neutralität daher meines Erachtens fehl.

Wenn Gerichte und Behörden Aktionen des Ungehorsams überprüfen, dann sollten sie bei der Durchmessung ihres Beurteilungsspielraums berücksichtigen, ob diese «zivil», also vor dem Hintergrund des Kriteriums von Freiheit und Gleichheit mit dem demokratischen Rechtsstaat vereinbar sind. Mit meiner Theorie zivilen Ungehorsams wollte ich ein Konzept entwickeln, das demokratische Teilhabe durch ein inklusives und dynamisches Verfassungsverständnis befördert. Denn Demokratie heißt auch, die Möglichkeit zum Widerspruch und zum Träumen zu haben. Die Auseinandersetzung mit dem zivilen Ungehorsam zeigt: Die Vision von einer gerechten, guten Gesellschaft und die Prinzipien von Freiheit und Gleichheit zu verwirklichen, erfordert manchmal – das Recht zu brechen.

Dank

Viele Menschen und Institutionen haben es mir ermöglicht, dieses Buch zu schreiben. An dieser Stelle möchte ich mich namentlich bedanken bei Alexander Benecke, Lisa-Marie Lührs, Sven Jürgensen und Antonia Villinger, weil sie es noch nicht leid geworden sind, mit mir über zivilen Ungehorsam zu sprechen. Simon Kneip danke ich für neue Impulse, für seine Geduld und vielfältige Unterstützung bei der Fertigstellung dieses Buchs. Danken möchte ich zudem der Mercator-Stiftung für die Aufnahme des Buchs in die Edition sowie meinem Lektor Dirk Setton für die unkomplizierte Zusammenarbeit.

Anmerkungen

Einleitung

1 Bundesverfassungsgericht, Beschluss des Ersten Senats vom 24. März 2021–1 BvR 2656/18.

2 Das vorliegende Buch basiert in wesentlichen Teilen auf den Vorarbeiten meiner Doktorarbeit, die im Herbst 2023 unter dem Titel «Ziviler Ungehorsam als Verfassungsinterpretation» veröffentlicht wurde. Die Arbeit wurde mit dem Deutschen Studienpreis in der Sektion Geistes- und Kulturwissenschaften ausgezeichnet. Diese Einleitung basiert auf dem von mir verfassten Wettbewerbsbeitrag für diesen Preis unter dem gleichen Titel.

3 Das zeigt auch eine Reihe aktueller Veröffentlichungen, die sich mit dem Begriff auseinandersetzen, siehe nur *Tim Wihl,* Wilde Demokratie. Das Recht auf Protest, Berlin 2024; *Friedmann Karig,* Was ihr wollt. Wie Protest wirklich wirkt, Berlin 2024; *Max Pichl,* Law statt Order. Der Kampf um den Rechtsstaat, Berlin 2024; *Lea Bonasera,* Die Zeit für Mut ist jetzt! Wie uns ziviler Widerstand aus Krisen führt, Frankfurt am Main 2023. Angekündigt zudem: *Christian Volk,* Ziviler Ungehorsam, Berlin, i. E. und *Robin Celikates,* Die Macht der Kritik. Soziale Kämpfe, widerständiges Wissen und Kritische Theorie, Berlin 2025, i. E.; siehe auch den Sammelband, herausgegeben von *Maxim Bönnemann,* Kleben und Haften. Ziviler Ungehorsam in der Klimakrise, als E-Book verfügbar unter https://verfassungsblog.de/wp-content/uploads/2023/09/Haften_und_Kleben-4.pdf.

4 *John Rawls,* Eine Theorie der Gerechtigkeit, 21. Aufl., Frankfurt a. M. 2019, S. 401.

1. Recht brechen

1 https://www.tagesschau.de/inland/innenpolitik/klimaprotest-109.html.

2 Interview mit Bild-TV vom 2. November 2022, abrufbar unter https://www.youtube.com/watch?v=Rb-gc4he53U.

3 Bundesgerichtshof, Urteil vom 8. August 1969–2 StR 171/69. Der Fall ist benannt nach Klaus Laepple, dem AStA-Vorsitzenden der Universität zu Köln, der vor Gericht angeklagt war.

4 *Platon,* Kriton, in: Sämtliche Werke. Bd. 1, 32. Aufl., Hamburg 2011, S. 45–63.

5 *Hannah Arendt* beschreibt unter Rückgriff auf Heraklit die Gesetze als

Mauern der Polis: «Das Gesetz ist der von einem Menschen erstellte und hergestellte Grenzwall, innerhalb dessen nur der Raum des eigentlich Politischen entsteht, in dem die Vielen sich frei bewegen», Was ist Politik ?, Fragmente aus dem Nachlaß, München 2003, S. 111.

6 *Pierre Rosanvallon*, Demokratische Legitimität, Unparteilichkeit – Reflexivität – Nähe, Hamburg 2010. S. 8.

7 *Benjamin Constant*, Von der Freiheit des Altertums, verglichen mit der Freiheit der Gegenwart, in: Werke in vier Bänden, Bd. 4, Berlin 1972, S. 363–396.

8 Dazu mehr in Kapitel 4.

9 Dazu mehr in Kapitel 3.

10 Dazu mehr in Kapitel 2.

11 *Platon*, Kriton, a. a. O., S. 45 (57), 50 b.

12 *Josef Isensee*, Ein Grundrecht auf Ungehorsam gegen das demokratische Gesetz? – Legitimation und Perversion des Widerstandsrechts, in: Streithofen (Hg.), Frieden im Lande – Vom Recht auf Widerstand, Bergisch-Gladbach 1983, S. 155 (169).

13 Zum egoistischen Menschenbild vgl. *Thomas Hobbes*, Leviathan oder Stoff, Form und Gewalt eines kirchlichen und bürgerlichen Staates, Frankfurt a. M. 1984, c. 13, S. 94–96; zur Staatsgründung durch Vertrag vgl. ebd., c. 17, S. 131–135 und durch Aneignung ebd., c. 20, S. 155–162.

14 Die Selbsterhaltung motiviert Hobbes zufolge die Individuen dazu, ihr «Recht auf alles» einzutauschen, um den Schutz ihres Lebens und ihres Eigentums zu sichern. In einem fiktiven Vertrag schließen sich die Individuen zu ihrem eigenen Schutz zusammen und autorisieren den Leviathan zur Herrschaft. Diese Zustimmung geht bei Hobbes so weit, dass er jede (zukünftige) Handlung des Leviathans als autorisiert fingiert, vgl. ebd., c. 18, S. 136–144. Erst wenn wieder naturzustandsähnliche Verhältnisse herrschen und keine sichere Ordnung durch den Leviathan bereitgestellt wird, werden die Untertanen auf ihr natürliches Recht auf Selbstverteidigung zurückgeworfen.

15 *Jean-Jacques Rousseau*, Vom Gesellschaftsvertrag oder Grundsätze des Staatsrechts, Stuttgart 1977, insbesondere S. 31–34.

16 *Immanuel Kant*, Über den Gemeinspruch: Das mag in der Theorie richtig sein, taugt aber nicht für die Praxis, in: Schriften zur Anthropologie, Geschichtsphilosophie, Politik und Pädagogik 1. Werkausgabe Bd. XI, 17. Aufl., Frankfurt a. M. 2014, S. 126–172, siehe insbesondere S. 153.

17 *Ernst-Wolfgang Böckenförde*, Die Entstehung des Staates als Vorgang der Säkularisation, in: Recht, Staat, Freiheit. Studien zur Rechtsphilosophie, Staatstheorie und Verfassungsgeschichte. Erweiterte Ausgabe, 5. Aufl., Frankfurt a. M. 2013, S. 92 (112).

18 Ebd., S. 108.

19 Bundesverfassungsgericht, Urteil des Ersten Senats vom 15. Januar 1958–1 BvR 400/51.
20 *Böckenförde,* Die Entstehung des Staates als Vorgang der Säkularisation, a. a.O, S. 92 (112).
21 *Böckenförde,* Der säkularisierte Staat, Sein Charakter, seine Rechtfertigung und seine Probleme im 21. Jahrhundert, München 2006, S. 36.
22 *Böckenförde,* Die Entstehung des Staates als Vorgang der Säkularisation, a. a. O., S. 92 (108).
23 *Claude Lefort,* Die Frage der Demokratie, in: Rödel (Hg.), Autonome Gesellschaft und libertäre Demokratie, Frankfurt a. M. 1990, S. 281 (293).
24 Ebd., S. 296.
25 *Oliver Marchart,* Die politische Theorie des zivilgesellschaftlichen Republikanismus, in: Brodocz/Schaal (Hg.), Politische Theorien der Gegenwart, S. 239 (247), siehe auch *Lefort,* a. a. O., S. 281 (291).
26 Vgl. die Wiedergabe der Rede von August 2020 in einem Beitrag von Monitor, Sendung vom 10. September 2020, abrufbar unter https://www1.wdr.de/daserste/monitor/sendungen/pdf-1250.pdf.
27 Siehe dazu *Günter Frankenberg,* Autoritarismus, Berlin 2020.
28 *Chantal Mouffe,* Über das Politische. Wider die kosmopolitische Illusion, Frankfurt a. M. 2007, S. 158.
29 Ebd., S. 159.
30 Ebd., S. 159.
31 *Hannah Arendt,* «Es gibt nur ein einziges Menschenrecht», in: Menke/Raimondi (Hg.), Die Revolution der Menschenrechte, Frankfurt a.M. 2011, S. 394–410.
32 Ebd., S. 403 f.
33 Ebd., S. 402.
34 Ebd., S. 400.
35 Ebd., S. 401, Hervh. i. Orig.
36 Bundesgerichtshof, Urteil vom 8. August 1969–2 StR 171/69, Hervh. i. Orig.
37 Bundesverfassungsgericht, Urteil des Ersten Senats vom 11. November 1986–1 BvR 713/83, 921, 1190/84 und 333, 248, 306, 497/85.
38 Bundesverfassungsgericht, Beschluss des Ersten Senats vom 10. Januar 1995–1 BvR 718, 719, 722, 723/89.
39 Bundesgerichtshof, Urteil vom 20. Juli 1995–1 StR 126/95.
40 Bundesverfassungsgericht, Beschluss der 1. Kammer des Ersten Senats vom 7. März 2011–1 BvR 388/05.
41 *Judith Butler,* Die Macht der Gewaltlosigkeit, Berlin 2023, S. 41–56.
42 Ebd., S. 41.
43 Ebd., S. 57–70.
44 Ich kann diesen Punkt an dieser Stelle nur andeuten. Er greift den Gedanken eines relationalen Menschenwürdeverständnisses auf, den die Philosophin *Regina Schidel* ausgearbeitet hat, Die Relationalität der

Menschenwürde. Zum gerechtigkeitstheoretischen Status von Menschen mit kognitiven Beeinträchtigungen, Frankfurt/New York 2023.

45 *Butler*, Die Macht der Gewaltlosigkeit, a. a. O., S. 23 ff.

2. Verfassung verteidigen

1 So eine berühmte Formulierung des Staatsrechtslehrers *Peter Häberle*, Die offene Gesellschaft der Verfassungsinterpreten. Ein Beitrag zur pluralistischen und ‹prozessualen› Verfassungsinterpretation, in: Juristenzeitung 1975 (30), S. 297–305.

2 Bundesverfassungsgericht, Urteil des Ersten Senats vom 11. November 1986–1 BvR 713/83.

3 Oberlandesgericht Naumburg, Urteil vom 22. Februar 2018–2 Rv 157/17.

4 Landgericht Heilbronn, Urteil vom 23. Mai 2017–7 Ns 41 Js 15 494/15 jug, Rn. 36.

5 Siehe dazu schon Kapitel 1.

6 Bundesverfassungsgericht, Beschluss des Ersten Senats vom 24. Oktober 2001–1 BvR 1190/90, 2173/93.

7 Hessischer Verwaltungsgerichtshof, Beschluss vom 2. Oktober 2020–2 B 2369/20.

8 *John Rawls,* Eine Theorie der Gerechtigkeit, a. a. O., S. 401. Rawls übernimmt diese Definition im Wesentlichen von *H. A. Bedau*, Civil Disobedience and Personal Responsibility for Injustice, in: Bedau (Hg.), Civil Disobedience in Focus, London/New York 1991, S. 49–67.

9 Ebd., S. 81.

10 Ebd.

11 Ebd., S. 105–110.

12 Ebd., S. 399–405, 409–414, 420–430.

13 Zum Zugang zu höherer Bildung siehe exemplarisch *Jalen Brown*, Black students are less likely to attain college degrees because of discrimination and external responsibilities, study finds, CNN, 9. Februar 2023, abrufbar unter https://edition.cnn.com/2023/02/09/us/black-student-college-degree-completion-reaj/index.html; zur ungleichen Bezahlung siehe nur die Studie des Economic Policy Institutes von 2022, abrufbar unter https://www.epi.org/unequalpower/publications/understanding-black-white-disparities-in-labor-market-outcomes/; zur schlechteren Gesundheitsversorgung *Samuel L. Dickman et al.*, Trends in Health Care Use Among Black and White Persons in the US, 1963–2019, abrufbar unter https://jamanetwork.com/journals/jamanetworkopen/fullarticle/2793347; zur massenhaften Inhaftierung von Schwarzen siehe den Bericht von «The Sentencing Project», abrufbar unter https://www.sentencingproject.org/app/uploads/2022/08/The-Color-of-Justice-Racial-and-Ethnic-Disparity-in-State-Prisons.pdf.

14 *Jürgen Habermas*, Drei normative Modelle der Demokratie, in: Die Ein-

beziehung des Anderen. Schriften zur politischen Theorie, Frankfurt a. M. 1999, S. 277–292.

15 *Habermas*, Faktizität und Geltung, Frankfurt a. M. 1998, S. 155.

16 *Habermas*, Wahrheitstheorien, in: Vorstudien und Ergänzungen zur Theorie des kommunikativen Handelns, Frankfurt a. M. 1984, S. 127 (174–183).

17 *Habermas*, Treffen Hegels Einwände gegen Kant auch auf die Diskursethik zu?, in: Erläuterungen zur Diskursethik, Frankfurt a. M. 1991 S. 9 (12).

18 *Habermas*, Faktizität und Geltung, a.a.O., Kapitel III.

19 *Habermas*, Ziviler Ungehorsam – Testfall für den demokratischen Rechtsstaat. Wider den autoritären Legalismus in der Bundesrepublik, in: Glotz (Hg.), Ziviler Ungehorsam im Rechtsstaat, 3. Aufl., Frankfurt a. M. 2015, S. 29–53.

20 Ebd., S. 29 (40).

21 Vgl. *Habermas*, Geschichtsbewußtsein und posttraditionale Identität, in: Eine Art Schadensabwicklung, Kleine Politische Schriften VI, Frankfurt a. M. 1987, S. 159–179 (17 f.).

22 *Habermas*, Ziviler Ungehorsam, a. a. O., S. 29 (35), Hervh. i. Orig.

23 Im deutschen Grundgesetz ergibt sich die Besonderheit, dass Artikel 146 Grundgesetz die Möglichkeit offenhält, eine neue Verfassung zu beschließen. Aber auch diese darf nicht hinter dem Kerngehalt von Demokratie und Rechtsstaat zurückbleiben.

24 *Rudolf Smend*, Verfassung und Verfassungsrecht, in: Staatsrechtliche Abhandlungen und andere Aufsätze, 4. Aufl., Berlin 2010, S. 119–276.

25 *Habermas*, Faktizität und Geltung, a. a. O., S. 464.

26 Bundesverfassungsgericht, Beschluss des Ersten Senats vom 24. März 2021–1 BvR 2656/18.

27 Das Amtsgericht Flensburg sah die Klimakrise als Rechtfertigungsgrund an in einem Fall, in dem ein Aktivist die Rodung eines Baumes zu verhindern versuchte, Amtsgericht Flensburg, Urteil vom 7. November 2022–440 Cs 107 Js 7252/22.

28 Bundesverfassungsgericht, Beschluss des Ersten Senats vom 14. Mai 1985–1 BvR 233, 341/81.

29 *Samira Akbarian*, Integration durch Protest?, Jahrbuch des öffentlichen Rechts 2024, S. 1 ff.

30 Bundesverfassungsgericht, Beschluss des Ersten Senats vom 14. Mai 1985–1 BvR 233, 341/81; siehe dazu auch *Wihl*, Wilde Demokratie, a.a.O.

31 Ebd.

32 Ebd.

33 Amtsgericht Freiburg, Urteil vom 21. November 2022–24 Cs 450 Js 18 098/22.

34 Amtsgericht Freiburg, Urteil vom 22. November 2022–28 Cs 450 Js 23 773/22.

35 Mittlerweile liegt ein Gesetzentwurf vor, der derartige Gehsteigbelästigungen verbieten soll, siehe Bundestag Drucksache 20/10 861. Zu dem Fall in Hessen siehe auch Hessischer Verwaltungsgerichtshof, Beschluss vom 18. März 2022–2 B 375/22.

36 Siehe dazu Kapitel 1.

3. Fundamente infrage stellen

1 *David Graeber*, Inside Occupy, Frankfurt a. M./New York 2012, S. 149 f.

2 https://www.unwortdesjahres.net/unwort/das-unwort-seit-1991/2010-2019/.

3 *Jacques Rancière*, Das Unvernehmen. Politik und Philosophie, 6. Aufl., Frankfurt a. M. 2016, S. 105.

4 *Chantal Mouffe*, Das demokratische Paradox, Wien 2015.

5 Mouffe und Laclau knüpfen damit an den Weimarer Staatsrechtslehrer Carl Schmitt an, der auch im nationalsozialistischen Deutschland als Rechtswissenschaftler aktiv war. Für ihn besteht das Politische in der Unterscheidung von Freund und Feind. Das zentrale Identifikationssubjekt ist für Schmitt dabei das «Volk». Schmitt versteht dieses als Einheit, das sich im Gegensatz zu anderen Einheiten definieren kann, sei es innenpolitisch oder außenpolitisch. Es ist die Quelle der politischen Identität und der Entscheidungsgewalt, die für Schmitt letztlich den Charakter des Politischen bestimmt. Die Identifikation mit dem Volk und die Abgrenzung zum Feind bestimmen Schmitt zufolge die Bereitschaft, für die eigenen Interessen und Werte zu kämpfen (*Carl Schmitt*, Der Begriff des Politischen. Text von 1932 mit einem Vorwort und drei Corollarien, Berlin 2015).
Mouffe und Laclau befreien Schmitts Unterscheidung von seinen völkischen Verirrungen und verbinden ihn mit postmarxistischen Ideen (*Ernesto Laclau/Chantal Mouffe*, Hegemonie und radikale Demokratie. Zur Dekonstruktion des Marxismus, Wien 1991). Mouffe wendet den Schmitt'schen Begriff des Antagonismus in den des «Agonismus», statt vom Feind spricht sie von Gegner*innen (*Mouffe*, Agonistik. Die Welt politisch denken, 2. Aufl., Berlin 2016). Aufrechterhalten bleibt damit zwar der Konflikt als politisches Momentum. Er wird allerdings in demokratische Bahnen gelenkt, um nicht in Gewalt zu enden. Dass es aber eine zentrale Linie gibt, die Freund und Gegner voneinander trennt, daran halten Mouffe und Laclau fest. Ihnen zufolge sind gesellschaftliche Konflikte heutzutage jedoch vielfältiger und können – anders als in traditionell marxistischen Ansätzen – nicht mehr nur auf Klassenkämpfe reduziert werden. Die Herausforderung linker Politik besteht für sie darin, diese vielfältigen Bewegungen zu vereinen und gegen eine liberale (oder neoliberale) Ordnung zu positionieren.

6 *Mouffe*, Für einen linken Populismus, Berlin 2018.

7 Übersichtliche Darstellung der Bewegung bei *Günter Frankenberg*, Partisanen der Rechtskritik. Critical Legal Studies etc., in: Buckel et al. (Hg.), Neue Theorien des Rechts, 3. Aufl., Tübingen 2020, S. 171–187.
8 Vgl. *Jacques Derrida*, Positionen. Gespräche mit Henri Ronse, Julia Kristeva, Jean-Louis Houdebine, Guy Scarpetta, Graz 1986, S. 87 f.
9 *Wendy Brown*, Die Paradoxien der Rechte ertragen, in: Menke/Raimondi (Hg.), Die Revolution der Menschenrechte. Grundlegende Texte zu einem neuen Begriff des Politischen, 2. Aufl., Berlin 2017, S. 454 (459).
10 *Seyla Benhabib*, Kosmopolitismus ohne Illusionen. Menschenrechte in unruhigen Zeiten, Berlin 2016, S. 198–202.
11 *Tendayi Achiume*, Migration as Decolonization, in: Stanford Law Review 2019 (71), S. 1509–1574.
12 *Robin Celikates*, Konstituierende und konstituierte Macht, in: Comtesse et al. (Hg.), Radikale Demokratietheorie. Ein Handbuch, Berlin 2019, S. 563–571 (571); siehe auch *ders.*, Ziviler Ungehorsam und radikale Demokratie. Konstitutive vs. konstituierte Macht?, in: Bedorf/Röttgers (Hg.), Das Politische und die Politik, Berlin 2010, S. 274–300.
13 *Nancy Fraser*, Öffentlichkeit neu denken. Ein Beitrag zur Kritik real existierender Demokratie, in: Scheich (Hg.), Vermittelte Weiblichkeit. Feministische Wissenschafts- und Gesellschaftstheorie, Hamburg 1996, S. 151–182 (163).
14 *Iris Marion Young*, Unparteilichkeit und bürgerliche Öffentlichkeit, in: van der Brink/van Reijn (Hg.), Bürgergesellschaft, Recht und Demokratie, Frankfurt am Main 1995, S. 245–280.
15 *Aristoteles*, Politik, 3. Aufl., Hamburg 2009, S. 46 f., 53; 1253 a 1–8, 1354 b 13–26.
16 *Gayatri Chakravorty Spivak*, Can the Subaltern speak? Postkolonialität und subalterne Artikulation, Wien/Berlin 2008; verständliche Zusammenfassung bei *Carolin Stix*, Subalternität, Rassismus, Recht, Berlin 2023, S. 39–48.
17 *Gayatri Chakravorty Spivak*, Scattered speculations on the subaltern and the popular, in: Postcolonial Studies 2005 (8), S. 475–486 (476), Übersetzung S. A.
18 *Seyla Benhabib*, Die Rechte der Anderen. Ausländer, Migranten, Bürger, Frankfurt a. M. 2008, S. 182–192.
19 *Habermas*, Wahrheitstheorien, a. a. O., S. 127 (144).
20 *Miranda Fricker*, Epistemische Ungerechtigkeit. Macht und die Ethik des Wissens, München 2023.
21 *Catharine MacKinnon*, Sexual Harassment of Working Women. A Case of Sex Discrimination, New Haven 1979.
22 *Oliver Flügel-Martinsen/Franziska Martinsen*, Kritik der Demokratie – demokratische Kritik. Radikale Demokratietheorien und Normativität, in: Ramin et al. (Hg.), Transformationen des Politischen. Radikaldemokratische Theorien für die 2020er Jahre, Bielefeld 2023, S. 129–144.

4. Recht verwirklichen

1 *Martin Luther King*, Rede vom 28. August 1963, abrufbar unter https://www.americanrhetoric.com/speeches/mlkihaveadream.htm, Übersetzung S. A.

2 *Omri Boehm* unterscheidet aus der Perspektive seines universalistischen Ansatzes zwischen der Unabhängigkeitserklärung und der Verfassung als politischer Konsens in seinem Buch Radikaler Universalismus. Jenseits von Identität, Berlin 2022, S. 29. Aus verfassungsrechtlicher Sicht liegt diese Trennung aber alles andere als auf der Hand. Meines Erachtens manifestiert sich vielmehr die politische und zukunftsweisende Kernentscheidung der Unabhängigkeitserklärung in einem fortlaufenden Prozess der Verfassungsentwicklung, der bis zu den zehn Zusatzartikeln reicht, siehe zu den der Verfassung zugrundeliegenden ideellen Grundgehalten auch *Uwe Volkmann*, Grundzüge einer Verfassungslehre der Bundesrepublik Deutschland, Tübingen 2013, S. 85–88.

3 *Aristoteles*, Rhetorik 1356 a 1; 13 f. Zur ethischen Dimension zivilen Ungehorsams vgl. auch *Maeve Cooke*, in: Scheuerman (Hg.), The Cambridge Companion to Civil Disobedience, Cambridge 2021, S. 231 (231 f.).

4 *Habermas*, Vom pragmatischen, ethischen und moralischen Gebrauch der praktischen Vernunft, in: Erläuterungen zur Diskursethik, a.a.O., S. 100 (103).

5 *Arendt*, Ziviler Ungehorsam, a. a. O., S. 119 (123–132).

6 Siehe zu dieser Unterscheidung auch *Rawls*, Eine Theorie der Gerechtigkeit, a. a. O., S. 415 ff.

7 Ursprünglich erschien der Text 1849 unter dem Titel «Resistance to Civil Government», vgl. *Russell L. Hanson*, The Domestication of Henry David Thoreau, in: Scheuerman (Hg.), The Cambridge Companion to Civil Disobedience, S. 29 (29 f.).

8 *Henry David Thoreau*, Civil Disobedience, in: Bedau (Hg.), Civil Disobedience in Focus, a. a. O. S. 28 (34).

9 «I think we should be men first, and subjects afterwards», *Thoreau*, Civil Disobedience, a. a. O., S. 28 (29).

10 Vgl. auch *Robin Celikates*, Ziviler Ungehorsam und radikale Demokratie, a. a. O., S. 274 (282 f.).

11 *Gandhi*, Non-Violent Resistance (Satyagraha), Mineola (New York) 2001, S. 15 f., Übersetzung S. A., im Original heißt es «holding on to truth», «Truth-force», «Love-force» und «Soul-force».

12 *Gandhi*, Satyagraha, in: Braune (Hg.), Ziviler Ungehorsam. Texte von Thoreau bis Occupy, Stuttgart 2017, S. 63–68 (67), vgl. auch *Gandhi*, Hind Swaraj, in: Hind Swaraj and other Writings, Cambridge 2010, S. 5 (118).

13 *King,* Letter from Birmingham City Jail, in: Bedau (Hg.), Civil Disobedience in Focus, a. a. O., S. 68 (74).
14 *King,* Die Zeit für schöpferischen Protest ist gekommen. Brief aus dem Gefängnis in Birmingham, in: Braune (Hg.), Ziviler Ungehorsam, a. a. O., S. 79 (84–86).
15 Abschrift abrufbar auf den Seiten der Dallas Baptist University: https://www.dbu.edu/mitchell/modern-resources/_documents/acallforunitytextandbackground.pdf.
16 *King,* a. a. O., S. 79 (84–86).
17 Ebd., S. 79 (86).
18 Ebd., S. 79 (86 f.).
19 Ebd., S. 79 (87). Im englischen Original heißt es: «A just law is a man-made code that squares with the moral law or the law of God. An unjust law is a code that is out of harmony with the moral law», *King,* Letter from Birmingham City Jail, a. a. O., S. 68 (73).
20 Ebd., S. 79 (89).
21 *Peter L. Berger/Thomas Luckmann,* Die gesellschaftliche Konstruktion der Wirklichkeit. Eine Theorie der Wissenssoziologie, 24. Aufl., Frankfurt a. M. 2012.
22 Vgl. *Robert Cover,* The Supreme Court 1982 Term. Foreword: Nomos and Narrative, in: Harvard Law Review 1983 (97), S. 4 (13), Fn. 35.
23 *Hans-Georg Gadamer,* Wahrheit und Methode, Grundzüge einer philosophischen Hermeneutik, 7. Aufl., Tübingen 2010, S. 270–280.
24 Ebd., S. 311.
25 Ebd., S. 314–329, siehe insbesondere S. 316.
26 *Cover,* in: Harvard Law Review 1983 (97), S. 4 (9).
27 Ebd., S. 4 (4 f.).
28 Ebd., S. 4 (4), Übersetzung S.A.
29 Ebd., S. 4 (11–19).
30 Vgl. ebd., S. 4 (13–19, 53 f.).
31 Vgl. ebd., S. 4 (33).
32 Vgl. *Cover,* Justice Accused. Antislavery and the judicial process, New Haven/London, 1975, S. 150–154, sowie *Cover,* in: Harvard Law Review 1983 (97), S. 4 (36).
33 Vgl. *Cover,* in: Harvard Law Review 1983 (97), S. 4 (38).
34 *King,* Rede vom 28. August 1963, abrufbar unter https://www.americanrhetoric.com/speeches/mlkihaveadream.htm, Übersetzung S. A.
35 Ebd.
36 Ebd.
37 Ebd.
38 *Amanda Gorman,* The Hill We Climb. Den Hügel hinauf, Zweisprachige Ausgabe, übersetzt von Uda Strätling, Hadija Haruna-Oelker und Kübra Gümüşay, 2. Aufl., Hamburg 2021, S. 13.
39 Ebd., S. 19.

40 Ebd., S. 15.
41 Im englischen Original heißt es: «And the norms and notions of what ‹just is› // Isn't always justice.» Die Mehrdeutigkeit der Formulierung «just is» («was einfach so ist», «was recht ist», «was gerecht ist») geht im Deutschen verloren.
42 Ich nehme an dieser Stelle eine eigene Übersetzung vor, die dem genauen Wortlaut des englischen Originals entspricht. In der Übersetzung von Strätling, Haruna-Oelker und Gümüşay heißt es «Auf diese Wahrheit, diese Überzeugung bauen wir», ebd. S. 32 f.
43 Auch hier nehme ich eine eigene wortlautgetreue Übersetzung vor. In der oben genannten Übersetzung heißt es «Es ist die Zeit des gerechten Ausgleichs», ebd. S. 35.
44 Siehe dazu den ARD-Faktenfinder-Beitrag vom 30. März 2022 von *Patrick Gensing* und *Wulf Rohwedder*, Was ist QAnon?, abrufbar unter https://www.tagesschau.de/faktenfinder/qanon-faq-101.html.
45 Correctiv-Recherche, Geheimplan gegen Deutschland abrufbar unter https://correctiv.org/aktuelles/neue-rechte/2024/01/10/geheimplan-remigration-vertreibung-afd-rechtsextreme-november-treffen/.
46 *Böckenförde*, Die Entstehung des Staates als Vorgang der Säkularisation, a. a. O., S. 92 (112).
47 Diese Worte werden leider wohl nur fälschlich Luther zugeschrieben. Der Kontext bleibt aber dennoch einschlägig. Luther weigert sich, seine Thesen zurückzunehmen, weil er sich durch seinen Glauben an Gott daran unwiderruflich gebunden fühlt.
48 Wer Klimagerechtigkeit will, muss erst Klimaungerechtigkeit verstehen, in: neue deutsche organisationen, 19. Oktober 2023, abrufbar https://neuedeutsche.org/de/artikel/wer-klimagerechtigkeit-will-muss-erst-klimaungerechtigkeit-verstehen-sheena-anderson/.
49 *King*, Die Zeit für schöpferischen Protest ist gekommen, a. a. O., S. 79 (84).
50 *Maggie Astor*, Why Protest Movements Are ‹Civil› Only in Retrospect, in: New York Times vom 16. Juni 2020, abrufbar unter https://www.nytimes.com/2020/06/16/us/politics/us-protests-history-george-floyd.html?action=click&module=RelatedLinks&pgtype=Article.
51 *Harry Enten*, Americans see Martin Luther King Jr. as a hero now, but that wasn't the case during his lifetime, CNN, vom 16. Januar 2023, abrufbar unter https://edition.cnn.com/2023/01/16/politics/martin-luther-king-jr-polling-analysis/index.html.
52 Siehe Kapitel 3.
53 Zitat aus *Zora Schiffer*, Tod auf Probe für den Klimaschutz, in: taz vom 11. April 2019, abrufbar unter https://taz.de/Neuer-Protest-von-KlimaaktivistInnen/!5584839/.
54 Spiegel-Interview mit Roger Hallam vom 13. September 2019, abrufbar unter https://www.spiegel.de/wissenschaft/technik/extinction-rebellion-

gruender-roger-hallam-wenn-eine-gesellschaft-so-unmoralisch-handelt-wird-demokratie-irrelevant-a-1286561.html.

55 *Michel Foucault*, Die Regierung des Selbst und der anderen, Vorlesungen am Collège de France 1982/83, Frankfurt a. M. 2012, S. 79–88.

56 So schreibt Gandhi beispielsweise über zivilen Ungehorsam: «Die wirksamsten Heilmittel bergen stets die größten Gefahren», *Gandhi*, Ziviler Ungehorsam, in: Braune (Hg.), Ziviler Ungehorsam, S. 73 (76). In dieser Formulierung, aber auch in dem allgemeinen simplen Lebensstil, den er seinen Anhänger*innen anrät, gehen Heilung und Risiko Hand in Hand.

57 *Bruno Latour*, Why Has Critique Run out of Steam? From Matters of Fact to Matters of Concern, in: Critical Inquiry 2004 (30), S. 225–248.

58 Ebd., S. 225 (227).

59 Siehe zu Trump auch die Fallstudie bei *Michael Butter*, «Nichts ist, wie es scheint». Über Verschwörungstheorien, 4. Aufl., Berlin 2020, S. 210–218.

Register

Die Edition Mercator bei C.H.Beck

Steffen Mau

Sortiermaschinen

Die Neuerfindung der Grenze im 21. Jahrhundert
3. Auflage. 2024. 189 Seiten mit 5 Abbildungen.
Klappenbroschur

Sophie Schönberger

Was soll zurück?

Die Restitution von Kulturgütern im Zeitalter der Nostalgie
2021. 158 Seiten mit 24 Abbildungen. Klappenbroschur

Lukas Haffert

Stadt Land Frust

Eine politische Vermessung
2022. 190 Seiten mit 21 Grafiken. Klappenbroschur

Kristin Shi-Kupfer

Digit@l China

Überwachungsdiktatur und technologische Avantgarde
2023. 190 Seiten mit 16 Abbildungen. Klappenbroschur